TERAPIA PSICOLÓGICA PARA ERASMO

Una historia de claustrofobia humana

José Macario López Balderas

Ediciones MAGYMAC
Innovación y Letras Independientes

NOTA EDITORIAL

Sobre esta segunda edición

La presente segunda edición surge de una necesidad de relectura y de responsabilidad con el tiempo. No responde a una corrección menor ni a un ajuste técnico, sino a un proceso de maduración del texto y de su autor. Desde su primera publicación, esta obra ha seguido dialogando con la experiencia vivida, con nuevas preguntas y con una conciencia más clara de sus propios límites y alcances.

Esta edición revisada y ampliada no modifica el núcleo narrativo ni la intención original del libro; lo que hace es afinar su estructura, depurar su lenguaje y profundizar en los pasajes donde la experiencia exigía mayor claridad, densidad reflexiva y coherencia interna. Algunos capítulos han sido reordenados, otros reescritos parcialmente, y se han incorporado nuevos textos que amplían el horizonte filosófico y humano de la obra.

El objetivo de esta segunda edición no es cerrar el sentido del libro, sino hacerlo más habitable para el lector. No se trata de ofrecer respuestas definitivas, sino de sostener mejor las preguntas que atraviesan el texto: la soledad, el vínculo, la conciencia, el conflicto entre la vida interior y las exigencias del mundo compartido.

Esta revisión reconoce que todo texto vivo cambia con quien lo escribe y con quien lo lee. Por ello, esta edición no pretende sustituir a la primera, sino dialogar con ella desde otro lugar: el de la experiencia asumida, el del pensamiento más pausado, y el de una escritura que ya no busca explicarse, sino comprenderse.

Este libro, en su segunda edición, continúa siendo un proceso abierto.

PRÓLOGO

La soledad

—¿Dices que te vas?... ¿Qué es "la última vez"? ¿Pero no dijiste lo mismo la otra ocasión? ¿Que solo es porque te pagaron los viáticos?...

Ella ya no dijo nada. Se quedó callada, resignándose. Después de muchos años de casados y de desgaste emocional, era lo mejor que hacíamos: callarnos y dejar que cada uno tomara sus propias decisiones. Discutirlo implicaba contrariarnos, discutir sin sentido, abrir viejas heridas que dolían; recriminaciones que nos devastaban; preocupaciones y angustias que nos ahogaban y nos exaltaban.

Era mejor así.

En el transcurso de nuestra vida en pareja, en algún momento ella había tomado sus propias decisiones. Ya no preguntaba, no pedía permiso. Hoy, incluso, me sorprendo pensándolo: ¿tenía que pedir permiso? No obstante, solo expresaba:

—¡Tenemos que organizarnos!...

En cuanto decía esa expresión, sabía que tenía pensado hacer algo. La mayoría de las veces me quedaba callado y, en otras tantas, le cuestionaba:

—¿Organizarnos para qué?

Con una mirada reprobatoria y despectiva —gesto aprendido en una historia repetida demasiadas veces— me contestaba mientras realizaba alguna actividad, evitando mirarme a los ojos:

—Hay un congreso en España y ya me compraron los boletos; hay que ver qué hacemos o cómo le vamos a hacer.

A pesar de saber que iba a comentarme algo alusivo a ello y que, de cualquier forma, me provocaría esa sensación de duelo en sus transiciones inevitables —

negación, ira, negociación, depresión y aceptación—, primero fustigaba la idea con la emoción a flor de piel. Le decía que no le importaba lo que yo sintiera ni cómo afectaba eso a la familia. Después llegaba un coraje ciego, al grado de ignorarla por días. Más tarde buscaba un diálogo sobre la importancia de mantenernos unidos, de estar comunicados. Luego aparecía la soledad, la tristeza, la resignación. Hasta que, finalmente, solo le decía:

—De todas formas, ya tomaste tu decisión. ¿Qué quieres que te diga?...

Esa historia se repetía una o hasta tres veces por año. Siempre había actividades que realizar en distintos lugares de la ciudad, del país o en otros países.

La sensación de soledad y el sentimiento de abandono que se apoderaban de mí crecían de manera exponencial. Cada vez que ocurría, sentía una pesantez existencial que se instalaba en mi ser. En muchas ocasiones evitaba sentirla, buscaba fugarme de la realidad llenando el tiempo con actividades, ignorándola. Sin embargo, el peso coexistencial era más fuerte, porque su presencia cotidiana también me generaba sentimientos adversos de rechazo e indiferencia.

Mis emociones confluían de un extremo a otro: rechazo y aceptación, confianza e inseguridad, alegría y tristeza, amor y odio, curiosidad y apatía, orgullo y vergüenza, calma y enojo. No sabía qué hacer con tantas emociones encontradas.

Entonces surgían en mí esos recuerdos: cómo la conocí, cómo se reactivaron sentimientos y emociones que venían desde mucho antes, desde mi niñez.

INTRODUCCIÓN

Nota de apertura

Este libro nace de una evidencia sencilla y, al mismo tiempo, insoportable: hay momentos en que la vida continúa por fuera, pero por dentro se detiene. Uno sigue cumpliendo, respondiendo, trabajando, sonriendo cuando toca; sin embargo, algo se quiebra en silencio. No se trata de un acontecimiento espectacular, sino de una grieta lenta: la conciencia de que se puede existir sin habitarse.

Durante mucho tiempo creí que vivir consistía en sostener la forma correcta de una vida: estabilidad, deber, productividad, familia, disciplina. Creí que bastaba con que "todo estuviera en orden" para que el orden fuera bienestar. Pero el orden también puede ser una jaula. Y el deber, cuando se vuelve absoluto, puede convertirse en una manera educada de desaparecer.

Este texto no propone una doctrina ni un sistema. Es un intento de pensamiento encarnado: una exploración de la soledad, el abandono, el deseo, la culpa, la voluntad y el límite. En estas páginas no se narra únicamente una crisis personal, sino el choque entre dos fuerzas que atraviesan a todo ser humano: la necesidad de pertenecer y la necesidad de ser. La tensión persistente entre el bien individual y el bien colectivo; entre la autonomía y el vínculo; entre lo que se calla para sostener al otro y lo que debe decirse para no perderse a sí mismo.

Aquí la terapia aparece como un lugar de interrupción. Un espacio donde la experiencia puede ser mirada sin prisa, sin el mandato de producir una respuesta inmediata. La pregunta no se utiliza como un método para cerrar, sino como una forma de abrir. En lugar de buscar un final, este libro busca un punto de lucidez: el instante en que uno deja de justificarse ante sí mismo y comienza, por fin, a escucharse.

Si el lector espera una conclusión definitiva, este libro no la ofrece. No porque el relato esté incompleto, sino porque la existencia rara vez concede un cierre limpio. Lo humano no termina con una frase; se transforma. Este volumen registra apenas un primer movimiento: el paso de la negación a la conciencia, de la huida al reconocimiento, de una vida sostenida por inercia a una vida interrogada con honestidad.

Lo que sigue no es una promesa, sino una necesidad. Porque cuando alguien aprende a mirarse, ya no puede volver al mismo silencio. Y ese quiebre —que también es una apertura— no clausura el camino: lo inaugura.

CAPÍTULO CERO

Cartografía del abandono

Recuerdo que con mi madre ocurría algo parecido desde que era bebé —al menos así me lo expresaban aquellas personas que estuvieron conmigo desde pequeño—. Varias veces, a lo largo de mi niñez, me dejaba con mis tíos y nunca supe por qué. Cada vez que se iba, sin embargo, se repetía la misma sensación de soledad y abandono; quizá nunca logré superarla.

Tengo referencias de que, con apenas unos meses de edad, mi madre me dejó con mi tía en el Estado de México y ella se fue a un pueblo que, en ese tiempo, era una ranchería llamada Suchilapan del Río, en Veracruz. Mi tía era hermana de mi abuela, y prácticamente estuve con ella durante los primeros tres años de mi infancia.

A esa edad mi madre volvió por mí y me llevó nuevamente al rancho de Suchilapan del Río, donde permanecí hasta los siete años. Ya cursando el primer grado de primaria, mis tíos regresaron y me llevaron otra vez al Estado de México. Ahí estuve hasta los nueve años, cuando mi madre volvió a buscarme para llevarme a vivir a otro poblado de Veracruz llamado Martínez de la Torre.

En Martínez viví con mi abuela y mis hermanos durante casi un año. Posteriormente nos trasladamos a Teziutlán, Puebla. Allí ingresé al tercer grado de primaria y, por primera vez, permanecí el tiempo suficiente para culminar la educación básica e inscribirme a primero de secundaria. Sin embargo, a mitad del ciclo escolar nos mudamos nuevamente, esta vez a un poblado llamado Dos Amates, en el municipio de Catemaco, Veracruz.

Ahí estuve casi dos años. En ese periodo regresé al Estado de México con la intención de terminar la secundaria, lo cual finalmente logré. Posteriormente ingresé a la Vocacional del Instituto Politécnico Nacional, viviendo otra vez con mis tíos, aunque en esta ocasión ya trabajaba en la venta de gelatinas mientras estudiaba.

Sin embargo, abandoné la escuela. El negocio de las gelatinas era de mi tío y, cuando me lo reclamó, tuve que buscar otra forma de subsistir. Fue entonces cuando comencé a trabajar formalmente en distintos lugares: primero como obrero en una fábrica de fundición de acero; después como garrotero en una discoteca de la zona de Insurgentes; más tarde como mozo en un hotel de cinco estrellas en la Zona Rosa de la Ciudad de México. Así se fueron sucediendo los empleos hasta que logré ingresar como marino en la Secretaría de Marina, institución en la que permanecí cerca de cinco años.

Aunado a ese ingreso, tuve la oportunidad de inscribirme en el CCH Vallejo de la UNAM. Gracias a la flexibilidad de los horarios, podía trabajar por las mañanas y asistir a la escuela por las tardes. En el trabajo permanecía de siete de la mañana a cuatro de la tarde; en la escuela, de cinco a nueve de la noche.

Era una rutina extenuante —salía de casa antes del amanecer y regresaba cerca de la medianoche—, pero disfrutaba el esfuerzo. El deseo de "ser alguien en la vida" persistía en mí como un deber ser que mi madre y uno de mis tíos habían sembrado. Ese deber ser es lo que obliga a caminar, a buscar la utopía, a sacrificarse por aquello que no se tuvo y se desea tener.

Fue precisamente en esa transición marcada por los deberes, sobre todo en el ámbito escolar, donde conocí a mi compañera de camino.

Ahí comenzaron mis emociones encontradas: sensaciones y actitudes que hoy podrían tipificarse, en el ámbito psicológico, como trastornos de ansiedad por separación en la infancia, rasgos de personalidad dependiente o incluso del llamado límite de la personalidad; manifestaciones de un apego inseguro y de otras patologías que, sin duda, se transfirieron a esta joven risueña, inteligente, tierna, amable, sensible, de mirada amorosa, transparente, inmaculada, ocurrente, solidaria y disciplinada. Virtudes que, para alguien como yo, resultaban profundamente aspiracionales.

Desde que la vi, quedé prendidamente enamorado. Me gustaba su mirada, su porte, la forma en que reía, su andar, su ternura, su sensibilidad para escuchar, su atención, su frescura, incluso su aroma. Y no parecía ser el único: otras compañeras, compañeros y maestros también se mostraban atentos con ella. Era una de las mejores estudiantes del salón y de la escuela, y eso implicaba que rara vez estuviera sola.

Mi inseguridad, sin embargo, no me permitía acercarme. Aunque estaba enamorado en silencio, no podía hablarle; algo me lo impedía. Un gran amigo me incitó a declararle mi amor, pero mis propios temores me paralizaban. Hasta que, casi como último recurso, se me ocurrió escribirle una carta.

Esa tarde llegué a casa agotado por el trayecto, pero inspirado por aquella persona que, sin saberlo, comenzaba a iluminar mi camino. Ya no cené. Era tarde y debía descansar, pues al día siguiente tenía que levantarme a las cuatro de la mañana. Eran cerca de las doce cuando llegué con sigilo a la casa de mis tíos; todos dormían. Me senté en el comedor y empecé a escribir. Sabía lo que iba a escribir; lo había pensado durante todo el camino. Las palabras se atropellaban entre sí, pero finalmente logré concluir el texto. Era casi la una y media de la madrugada. Estaba exhausto, aunque extrañamente excitado, lleno de energía. Doblé la carta con cuidado, la guardé en mi mochila y me dispuse a dormir.

Pocas horas después sonó el despertador. Me levanté con una mezcla de prisa y entusiasmo, cumplí el rito cotidiano y salí presuroso de casa. La mañana en el trabajo se me hizo interminable. Solo pensaba en salir y llegar a la escuela. Cuando por fin llegó la hora, corrí entusiasmado.

Al llegar, busqué su mirada entre la multitud, pero no la encontré. Por fortuna, mi amigo estaba ahí.

—¿Qué onda? ¿Te pasa algo? Vienes muy raro. ¿Todo bien?

Le dije que sí, que estaba bien, que solo me había desvelado. Insistió.

—¿Qué pasa?

—Escribí una carta, y no sé cómo dársela... además no la veo.

—¡Yo sé dónde está! La acabo de ver en la biblioteca. ¡Dámela, yo se la doy!

Dubitativo, busqué la carta en mi mochila y la tomé en la mano. Sin pensarlo, me la arrebató y salió corriendo para entregársela. En esa carta le expresaba mi interés por ella y la posibilidad de ser parte de su vida. Ahí comenzó esta odisea de amor y soledad, de abandono e inseguridad.

La carta decía:

> En toda la sucesión de clases y de entrevistas esporádicas, fortuitas, ha crecido en mí un interés

profundamente expresivo; ha surgido de manera incontenible y llena de preocupaciones.

Las impresiones que se han reflejado en mi corazón son realmente hermosas; la fuente de estos reflejos las encuentro en tu persona.

Creer lo contrario es caer en una contradicción y es estar en confrontación con mis principios y carácter. No pretendo en este escrito la declaración burda y vulgar que siempre ha llevado implícitas la hipocresía y la fatuidad.

He optado por este medio por la falta de relación que conllevara a un entendimiento recíproco; el pensar y desarrollar algo que nace en ti conforme las impresiones son más claras y precisas, e implican una trascendencia que va a repercutir en todas las manifestaciones de tus quehaceres más inmediatos y se torna cada vez más funesto y caes en un escepticismo inexpresivo en tus sentimientos.

Esto es lo que sucedió en días pasados, ya que cambié mi trato contigo y creo que tú lo notaste; es inclusive algo tonto y ridículo, y es que, cuando no comprendes la casualidad de tu vida y tu ideal queda en la utopía por la imposibilidad de una acción inmediata, crece y se da en ti un estado de hipocondría.

En mí es pensar todo aquello que rompe con la monotonía de mi vida; la inteligencia, la moderación y la sensatez son conceptos y virtudes que inquietan a mi alma y se tornan objetivo para mí.
Este es mi sentir, y mi corazón se encuentra vedado para aquellos con quienes no existe la verdadera fluidez en los sentimientos y pensamientos.

No quiero permanecer pasivo ante las inconveniencias que pudiesen suceder; por esa razón quiero establecer una plática amena y explícita donde podamos, o pueda, de un modo conciso, establecer relaciones fructíferas y trascendentales.

Gracias de antemano y permíteme identificarme contigo; y créeme, haré de ti una persona susceptible.

"Te necesito"

Cuando mi amigo regresó, me dijo:

—¡Listo! Ya se la entregué.

—¿Y qué te dijo?

—Que la iba a leer.

—¿Nada más?

—Sí. De todas formas, la va a leer. Vente, vamos a comernos una torta y vemos qué hacer. ¿Va?

Asentí con la cabeza, pero mi corazón latía con violencia. A partir de ese momento, mi vida comenzó a cambiar radicalmente.

La soledad siempre me había acompañado, aunque no fui consciente de ello sino hasta entonces. Comprendí que era una parte consustancial y patológica de mi historia: se incrustaba en mi conciencia incluso cuando ella aceptó platicar conmigo y compartir algunos fragmentos de su vida, los pocos espacios que podía ofrecerme.

Así comenzó este idilio, este dolor de amar, esta sensación de pérdida y soledad que emerge cuando no se logra habitar plenamente el vínculo con el ser amado.

La ausencia constante de los seres queridos fue una marca estructural en mi vida. Mantenerme en un estado de ansiedad permanente me llevó a observarme como un ser necesitado, incapaz de comprender del todo mis propios actos y los de los demás, aun sabiendo que podía generar dolor en quienes amaba. En ese estado de reminiscencia e introspección me encontraba, cuando mis propios pensamientos me hicieron volver a la realidad...

—De todas formas, ya tomó una decisión.

Repetí esa frase más para mí que para ella. Al recordar mi historia, la frustración y la impotencia acumuladas me llevaron a replantear mi respuesta.

—Bueno, luego platicamos y nos ponemos de acuerdo.

—Está bien, luego lo vemos —respondió de inmediato.

Me desconcertaba incluso mi propia respuesta. En el momento parecía suficiente, pero sabía que más adelante volvería a cuestionarla. Esta vez era necesario ir más allá de lo inmediato, de lo superfluo, de lo rutinario, de lo aparentemente obvio.

Pero ¿cómo hacerlo? Ponerse de acuerdo resultaba difícil. Ella tenía sus argumentos; yo, los míos. ¿Quién tenía la razón?

Con los años he aprendido que los seres humanos poseemos estructuras lógicas distintas y, con ello, formas diversas de concebir el mundo. En una relación de pareja, estas diferencias son normales. Sin embargo, a pesar de comprenderlas, nuestra relación se deterioraba. Los silencios prolongados y la indiferencia crecían, y cada vez que surgía algún tema doméstico o financiero, la soledad reaparecía, pues ambos evitábamos el conflicto bajo la idea de que no valía la pena desgastarse.

Así comprendí que la individualidad es un principio que no debe anularse, sino transformarse. Cuando entra en contradicción con el bien colectivo, deja de ser un acto aislado y se convierte en una responsabilidad compartida. En este caso, la familia constituía ese bien colectivo. De ahí la necesidad de una transición dialéctica constante entre el bien individual y el bien común, sin perder la esencia de ninguno.

El bien individual se relaciona con el deseo y la aspiración personal; el bien colectivo, con aquello que sostiene a quienes coexisten. Aunque esta distinción parece clara, en la práctica no lo es. Observé cómo mi compañera asumía compromisos profesionales y económicos que, al ser atendidos, descuidaban el bienestar psicoemocional de la familia. Para ella, lo económico —palpable y objetivo— tenía mayor peso que lo emocional, subjetivo e impalpable. Esa jerarquía marcaba la diferencia entre estar o no estar.

Ambos bienes son necesarios. La ausencia de uno o de ambos ha derivado, a lo largo de la historia, en crisis existenciales profundas. Existen familias con estabilidad económica y graves desequilibrios emocionales; otras, con fuertes vínculos afectivos, pero carentes de recursos básicos. Sin embargo, los lazos psicoemocionales han demostrado una capacidad singular para sostener la vida incluso en condiciones extremas.

Por ello, sigo pensando que el bienestar psicoemocional merece ser cuidado con especial atención. No elimina el conflicto ni el dolor, pero en los albores de la soledad, el hombro y el oído de otro ser humano permiten tolerar aquello que, de otro modo, resultaría insoportable.

.

CAPÍTULO I

El umbral del malestar: cuando la vida deja de sostener

Cuando Erasmo llegó a la dirección que le había referido su hermano, se quedó dubitativo. Estacionó su carro junto a la acera y divagó si era allí o no... Era una calle angosta, con algunos vehículos estacionados a ambos lados y otros abandonados, cubiertos con lonas sobre la carrocería. Las banquetas eran estrechas; a la mitad de ellas se levantaban arbustos y árboles sembrados sin orden, obligando a los pocos transeúntes a bajar y caminar sobre el frío pavimento. Era una calle como tantas otras de la ciudad: abandonada, maltrecha, derruida.

Erasmo permaneció un momento petrificado, observando a su alrededor. Temía entrar. No es que estuviera mal la dirección; tenía miedo de enfrentar lo desconocido. Nunca había acudido a un consultorio para recibir terapia; sin embargo, ya no tenía elección. Necesitaba platicar con alguien... Iba nervioso: las manos sudorosas, una angustia que le oprimía el pecho, como si fuera a estallarle.

Miró la calle: desierta, sola..., deprimente como su estado de ánimo. Volteó una y otra vez hacia el portón blanco y pensó:

—¡Ni siquiera parece un consultorio! —Después de unos minutos se armó de valor. Descendió del vehículo y cerró la portezuela con cierta parsimonia. Aun así, esperó otro momento. Respiró hondo y tocó aquella puerta desconocida. Esperó... Volvió a tocar... Fueron dos o tres minutos que aprovechó para imaginar cómo dar media vuelta, subir al auto e irse. Sin embargo, justo entonces escuchó pasos, ruidos domésticos de una casa en movimiento. La puerta se abrió y apareció frente a él una mujer delgada, con una sonrisa y unos labios apenas perceptibles. Llevaba una bata que se confundía con su indumentaria. Hizo una mueca de bienvenida, imperceptible pero suficiente para darle cierto alivio, y le preguntó:

—¿Sí?... ¡Dígame!...

—¿Aquí es el consultorio del psicólogo... Lucio?

—¡Claro! ¿Tiene cita?

—Sí... quedé de verlo a las cuatro.

—¡Pase, por favor! En un momento lo atiende. Por aquí...

Mientras hablaba, le mostró el camino con la mano, solícita. Una vez que traspasó el umbral, Erasmo observó el interior del lugar. Divisó una vivienda al frente; desde ahí se escuchaban voces de diligencias domésticas: gritos de una ama de casa, niños corriendo. Entre el portón y la vivienda había un patio para estacionamiento. Del lado izquierdo se levantaba otra estancia, separada de la primera, más pequeña. Hacia ella caminaron.

Al cruzar la puerta de esa segunda estancia se abría un pasaje reducido que conectaba dos habitaciones. El espacio era estrecho, casi claustrofóbico. La entrada al consultorio quedaba hacia la izquierda, apenas traspasabas el umbral; caminabas por el pasadizo y, a la derecha, había otra puerta. Frente a ella se veía un sofá pequeño y un buró con revistas y periódicos. Al otro lado del pasaje se abría otra habitación sin puerta: la cubría una cortina de pedrería y carrizo que sonaba al entrar y salir. De ahí venía un aroma a resina y madera; un híbrido que se confundía con esencias florales y otros olores que Erasmo no supo distinguir.

Cuando estuvieron frente al consultorio, la muchacha le pidió que se sentara y esperara unos minutos. Erasmo le dio las gracias, tomó asiento y aguardó. Mientras hacía antesala, tomó una revista y la hojeó sin interés. Después de unos minutos respirando aquella fragancia suspendida en el aire, se tranquilizó un poco... no del todo. Su corazón seguía latiendo con fuerza, como si quisiera salirse del pecho. Tenía ganas de llorar; deseaba que alguien lo abrazara, lo consolara o, al menos, lo escuchara.

En esas estaba cuando salió del consultorio una mujer con un niño. Iban platicando con el psicólogo. Ella giraba sobre sí misma, como si todavía quisiera exprimir el tiempo; se detuvo, le hizo unas preguntas más a su interlocutor y, una vez que él respondió, continuaron avanzando. Él los encaminó hasta la puerta. La mujer se retiró tomando de la mano al niño; entre reprimendas susurradas y circunloquios, siguieron su éxodo.

Cuando el psicólogo regresó, se paró frente a Erasmo, le dio la mano y se presentó como Lucio. Luego le preguntó si era Erasmo. Él asintió y Lucio lo invitó a pasar a aquella diminuta oficina que fungía como consultorio.

Erasmo entró con inquietud. Se quedó de pie frente a unas repisas junto a un escritorio de madera, un poco maltratado, aunque funcional. Lucio caminó al fondo de la habitación y se colocó detrás del escritorio, como si fuera a sentarse, no sin antes invitar a Erasmo a hacer lo mismo.

El psicólogo era un hombre de estatura baja, bigote, ropa de vestir y lentes. Tenía un semblante entre risueño y absorto. Hasta cierto punto inspiraba confianza, y eso le agradó a Erasmo.

Una vez que tomaron asiento, Lucio le dijo:

—¡Hola! Pues aquí estamos, Erasmo... Sí, ¿verdad? Erasmo. ¿No?

—Sí, así es. Ese es mi nombre. Le llamé para una cita.

Erasmo estaba sentado en una silla a un lado del escritorio. Esperó un momento. Estaba inquieto; quería empezar a hablar, pero su interlocutor parecía demorarse. Lucio se recargó ligeramente en el respaldo, cruzó los brazos y preguntó:

—Muy bien... ¿qué pasa, Erasmo? ¿Cómo te sientes el día de hoy?

Erasmo seguía mirando de frente. La silla estaba prácticamente de lado con respecto al escritorio; para mirar al psicólogo debía voltear a la derecha, cosa que no hizo de inmediato. Miró alrededor. Su respiración empezó a agitarse; el corazón le latía desmesuradamente. Empezó a sudar y a sentir un peso exorbitante sobre los hombros. El pecho parecía explotarle. La angustia empezó a hacer estragos...

Con la voz entrecortada, sin mirarlo, soltó una pregunta antes de hablar de sí:

—¿Es usted el psicólogo?

La pregunta era absurda; el doctor ya se había presentado, pero Erasmo aún dudaba de estar ahí.

—Sí... eso parece —contestó Lucio.

—¿Usted trabaja en la universidad?

—Por supuesto. Ahí tengo mi cátedra. Ya tengo algunos años allá; doy clases en las mañanas y por la tarde me dedico a atender a mis pacientes. Pero platícame... ¿en qué puedo ayudarte, Erasmo?

—Bueno... no sé por dónde empezar. Últimamente me he sentido muy mal. Tengo mucha tristeza, coraje... me duele el pecho, tengo una angustia aplastante. No puedo concentrarme en lo que hago. Me duele el cuerpo, me duelen las articulaciones. Tengo pensamientos absurdos y sentimientos adversos que me hacen desear morir, desaparecer... Me siento incomprendido, solo, como si a nadie le importara lo que siento... ¡Es algo que no puedo explicar!...

En ese momento Erasmo no pudo contenerse y comenzó a llorar. Tenía deseos de desahogarse; le brotó a borbotones, con una angustia irrecuperable: ansioso, afligido... No podía parar. La voz se le partía entre suspiros y sollozos. Las facciones se contraían en un rictus de dolor y desazón. Después de un momento, tras suspirar varias veces, continuó:

—¿Sabe?...

—Erasmo... háblame con confianza. Estoy aquí para ayudarte. Ten la certeza de que haremos algo al respecto, pero necesito saber qué pasa.

—Bien... Mire: me siento solo. Tengo a mi hijo y a mi esposa, pero me siento desolado y triste. Hay ocasiones en que me siento abatido, con deseos inmensos de llorar de manera incontrolable, como lo viste hace un momento... de desgarrar mis emociones, sacudirlas y ver qué pasó o qué está pasando. ¿En dónde me perdí?... ¿Realmente me perdí? Es ahí cuando ya no tengo certeza de lo que soy y de lo que quiero ser.

Hace no mucho recordaba algunos sueños que tenía en antaño. Por ejemplo: yo no quería vivir en una ciudad... o creía que eso quería... o tal vez sí. Quizá solo quería vivir en un lugar como donde crecí, ahí donde surgieron mis sueños, mis ilusiones: a la orilla de una laguna, viendo nacer el agua; al fondo, los manglares; y más allá, imaginando lo profundo del mar. Hay veces que pienso que solo quería una casita de madera con mi esposa y mis hijos. Quizá quería vivir en una comunidad donde mis pocos conocimientos fueran útiles; donde pudiera enseñar a pensar, reconstruir la realidad... Donde pudiera sembrar y cosechar; donde la brisa me tocara el rostro y, entre sueños, yo viajara con la mirada perdida en el horizonte: montes, veredas, árboles... y el susurro del viento arrastrando nubes, o la oscuridad iluminada por el radiar de las estrellas. ¿Me entiendes?...

Mientras hablaba, Erasmo se tocaba una y otra vez la cabeza; apretaba la parte inferior de la mandíbula, agitaba continuamente los hombros hacia atrás y meneaba la cabeza de un lado a otro. Cerraba los ojos. Se tocaba el pecho, del lado izquierdo. Apretaba las manos y tensaba los brazos. Lucio lo observaba con atención y lo invitaba a sentirse en confianza.

—Claro que sí... continúa. Te escucho.

—Por ventura... solo quería sentir la zozobra, la incertidumbre de los aguaceros que dejan un olor refrescante a hierba y madera húmeda. Caminar por veredas escabrosas recubiertas de maleza tupida que desciende sobre tu sensatez. Caminar por esa tierra con helechos cargados de rocío que mojan los trapos de quien decide deambular entre su cobijo... Tener a mi lado a una mujer que me hiciera sentir vivo: gozar en el cuerpo el cosquilleo del deseo, la satisfacción de caminar entre sus veredas, aspirar la calidez de su cobijo y beber de sus aguas tórridas; un torbellino naciente y, al mismo tiempo, una apaciguada sensación de quietud y esperanza... Verme reflejado en el remanso de una poza creada para el juego: chapuzones, brincos, submarinos... Sumergido en una tranquilidad inconmensurable entre el deseo y la pasión desbordada. ¡Qué inmensa y satisfactoria quietud!... Es algo que no he sentido, que no he disfrutado desde hace mucho tiempo. Me siento sin ganas de vivir, con una melancolía absurda que no entiendo... ¡que me está matando!... ¿Sí me entiendes?

—Por supuesto, Erasmo... continúa. Te estoy escuchando.

Erasmo volvió a llorar sin contenerse. Bajaba la mirada de manera intermitente; no podía dejar de sollozar.

—¡Qué coraje! —pensaba para sus adentros, sin poder detenerse.

Respiró profundo. Con los ojos anegados en lágrimas volvió a mirar hacia los estantes. Observó libros y adornos. Pensó que eran parte de esa personalidad que lo miraba —inquisitiva, sí—, pero también dispuesta a sostenerlo. Tomó aire y continuó:

—Siempre te ves inmerso en dinámicas absurdas... en un ambiente de despreciable rapidez coexistencial, inconsciente y perdurable, hasta que se te acaban la vida o las ganas de vivir. Recuerdo mucho esos momentos de niñez; aunque, pensándolo bien, creo que siempre he estado preocupado por algo. Siempre he vivido inmerso en preocupaciones materiales y humanas que poco a poco te matan... como ahora lo estoy padeciendo. Quizá es propio de la vida, ¿no lo cree?

—¿Qué te angustia? ¿Qué te ahoga?... Platícame.

—¡Platicarte!... Pero ¿cómo platicarte?... ¿Cómo empezar a decirte los temores que se anidan en mi interior, si mis deseos de vivir se vacían trémulos entre quejas y congojas? ¿Cómo encontrar el origen de este ardor en el pecho, si desconozco la causa de tan insoportable procedencia? No es que no quiera decirlo, sino que no encuentro la forma de distinguirlo. Es como si mi corazón hubiera estado, durante años, tramando esto en silencio.

Tomó aire en un suspiro y continuó:

—Mira... no dudo en manifestar que tengo sentimientos adversos en el espíritu: lamentaciones, resentimientos, nostalgias, tristezas, miedos; y también hastío, repulsión, odio, coraje, desprecio. Mucho desprecio a la vida, a la gente, a la pusilánime forma de pensar y actuar del ser humano. Es como si día a día hiciera una radiografía de la estupidez humana en casi todos los comportamientos sociales... incluso en las mínimas manifestaciones cotidianas.

—...Por ejemplo: cuando manejo por la ciudad y veo a un conductor que no respeta el reglamento de tránsito, que no demuestra preocupación por el peatón; o cuando el peatón, por falta de cultura urbana, se atraviesa con coraje explosivo y te transfiere un rencor implícito. Como me pasó una vez con un lava vidrios: le dije que no lo hiciera, agarró el limpiaparabrisas de mi auto y lo estrelló contra el parabrisas... y todavía le dio una patada al carro. ¡Me dio mucho coraje! Tenía deseos de golpearlo, desaparecerlo... pero, como todo, solo me llené de impotencia y de malos pensamientos imaginarios.

Otro ejemplo: el que tira basura en la calle. Vas sobre la avenida y, de repente, ves pasar brincando a tu lado un bote de refresco o de cerveza. Levantas la mirada y observas al "cochino" que lo aventó; y si pasas a su lado, lo que ves es una actitud vana, indiferente, absurda... con una sonrisita irónica de "me vale madres".

Otro más: cuando no recibes una buena atención en un servicio público, en el transporte o en una oficina de atención ciudadana. Ese conjunto de actitudes te hace sentir vulnerables tus derechos ciudadanos, laborales o profesionales, y nadie dice ni hace nada. Hay tantos ejemplos... Lo más grave es que te hacen sentir anormal y, encima, culpable por esas emociones encontradas.

Lucio, midiendo la sensibilidad de Erasmo, le preguntó:

—¿Te afecta mucho lo que pasa a tu alrededor, Erasmo? ¿Tiene que ver con esto que sientes?

—Sí... son situaciones que también me afectan. Me hacen sentir mal. En la vida todo está concatenado. Para serle franco, en cada cosa de esas veo una mediocridad coexistencial inconmensurable que no comparto y con la cual odio convivir. Son manifestaciones de absurdos que te hacen dudar de la existencia. Y vienen de una cultura desprovista de educación, enaltecida por pulsiones emocionales, donde la muchedumbre actúa como jauría... o de una instrucción operativa postmoderna, con instintos de supervivencia rozando la barbarie.

Lucio, con mirada atónita, preguntó:

—¿A qué te refieres con "absurdos" e "instrucción operativa"?

Erasmo, ensimismado, continuó:

—A todas esas acciones que hacemos cotidianamente sin saber por qué las hacemos. A vivir mecánicamente: un ir y venir de autómatas. Como en muchas películas hollywoodenses... muestran al hombre postmoderno absorto en su rutina; sufre injusticias y sigue ahí, sin saber qué hacer, sin conciencia de quién es o hacia dónde va.

—¿Por qué dices que no se está educado, pero sí instruido?

—Porque al realizar operaciones mecánicas nos han quitado la posibilidad de pensar, de transformarnos en algo distinto. Nos tratan como idiotas: para todo hay manuales; te dicen qué está permitido y qué no; te inducen a actuar de forma mediatizada y operativa. Nos enseñan solo a ser ensambladores y obreros. Y no es que yo tenga algo contra el obrero; su propia etimología lo describe: él "obra", "opera". Es parte de su trabajo... no de su esencia como ser humano. El hombre ha dejado de pensar... de sentir.

—¿Por qué te afecta tanto?

—Porque el absurdo se refleja en una

forma irracional de ver la vida y, cuando se te impone, te deja impotente. Yo tengo una necesidad imperiosa de entender qué pasa; pero como es incomprensible, o antinatural, entonces se abalanzan sobre ti. Mire, pasó una vez: un conductor de esos autobuses de transporte se le atravesó a un carro. El carro no se movió. Uno de los del camión se bajó con un bate y empezó a golpear el automóvil... y luego al automovilista. ¿Eso cómo lo controlas? No hay forma.

Sabemos que deberían apegarse a formas mínimas de convivencia y al reglamento de tránsito; sin embargo, no lo hacen. Es cuando siento cómo el control escapa de mis manos y se dispersa en los límites de las pasiones humanas. Ese conductor no solo irrespeta un reglamento: actúa contra todo ser humano. Y entonces te das cuenta de que no es solo "un conductor" ... es el hombre mismo.

Lo he visto en mi trabajo, en la calle, con los llamados amigos, con mi esposa, con la familia de origen... en todos lados. Somos chimpancés brincando entre autos y edificios, peleando el sustento y actuando por supervivencia en esta "selva de concreto", como bien lo expresa Rodrigo.

—¿Qué Rodrigo?

—Así le llamaron. Un compositor de rock de los ochenta que murió en el temblor del 85, aquí en México. En una canción hay una frase que dice: "Ya que yo no tengo tiempo de cambiar mi vida, la máquina me ha vuelto una sombra borrosa...". ¿Me entiende?...

En ese momento Erasmo entró en otra crisis de ansiedad. Estalló de nuevo en llanto. El pecho se le agitó con una respiración cada vez más rápida. Se tomó la cabeza, impotente; apretó la quijada y se inclinó hacia abajo.

Entonces Lucio se acercó y le dijo:

—Erasmo... respira profundo. Aquí estoy. Tranquilo... mírame... Trata de hacer lo que te digo, ¿bien?... Eso es... Respira hondo...

Tomando aire con incredulidad, Erasmo empezó a seguir los ejercicios. Puso las manos sobre las rodillas, se irguió en la silla y, con cuentas regresivas, cerró los ojos. Respiró profundo, llevando el aire hasta el diafragma... Poco a poco se tranquilizó.

Al verlo más sereno, Lucio lo invitó a continuar:

—Continúa, Erasmo.

—¿Sabe?... Es como estar ciego. Como saber y no saber lo que pasa. Hoy tengo miedo de morir. Siento dolor y ardor en el pecho; me angustio; siento el vértigo del vacío espiritual, la certeza de que no he hecho nada... nada por mí, nada por los demás. Yo quería escribir o hacer algo verdaderamente glorioso, algo que contribuyera —aunque fuera mínimo— a la humanidad; algo que me inmortalizara...

La verdad es que difícilmente lo lograré... y eso también me traiciona. Me veo rebasado por la pasión, el deseo, el cuerpo, la aspiración de vivir. Es como si te ganara lo que llaman destino: un destino manifiesto, evidente, vano y cotidiano, que muchos vieron... y yo no quería ver. No sabía qué impacto podía tener en mí. No sabía qué incertidumbre me iba a crear la angustia de vivir y el dolor de padecer algo tan insignificante como percibir lo que siento.

—Bien... te sigo. Adelante.

—¿Cómo explicarte? La soberbia del vivir es una vanidad material. Un absurdo que te hace quererlo todo. Quieres ser dueño único de todo lo existente: de bienes, de la voluntad humana, de las personas, del tiempo, de la distancia... de las pasiones. Y en ese intento se niega el ser en la realidad. ¿Me entiendes?... Creo que no, ¿verdad?... De todas formas, ni yo entiendo esta razón existencial...

Te estoy exponiendo mis problemas porque quiero entender qué me pasa, pero no sé nada de mí, sino lo que debería ser o lo que interpreto como mi realidad, mi mundo... ¡Mi mundo! ¿Sabes qué es mi mundo?

—No. ¿Qué es?

—Mi mundo es un mundo de absurdos. De deberes impuestos. De lo que "debería ser". Yo mismo me impuse una moralidad social, una forma que quizá nunca quise ser; una vida que quizá nunca quise vivir...

No dudo en aceptar que quería vivir bien. ¿Bien?... ¿Qué significaba vivir bien? ¿Dónde descansaba ese "bien"? Quizá en los bienes que quería adquirir, en lo que no tuve de niño. Pero eso no bastaba...

Lucio se quedó pensativo. No sabía con exactitud hacia dónde iba Erasmo, pero entendía que era necesario permitirle hilar. Comprender el origen de la crisis exigía escuchar el desorden.

—Claro —dijo—. Y entonces... ¿no mereces lo que tienes?

—¿Por qué lo preguntas?

—Por lo que me acabas de decir. Es como si lo que posees no tuviera importancia para ti... o como si tenerlo te causara más problemas que bienestar. A grandes rasgos, puedo vislumbrar una soledad muy grande en ti. ¿Es verdad eso, Erasmo?

Erasmo se quedó callado. Tomó aire y respondió:

—Quizá sí...

Erasmo salió de aquel cuarto acondicionado como consultorio todavía pensativo, pero más relajado. La angustia no desaparecía del todo, pero le hizo bien hablar. Se quedó con la idea de escribir; le gustaba escribir. Ya había hecho intentos: textos sueltos, situaciones vivenciales, estados de ánimo que no había logrado unir en una sola forma.

Por algo debía empezar.

Así que se llevó esa idea a casa.

CAPÍTULO II.

La primera grieta: terapia, escucha y resistencia

Cuando iba de regreso a su casa, Erasmo no dejaba de pensar: ¿cómo había llegado a esos momentos tan llenos de preocupación y de pensamientos absurdos, sin sentido? Intentaba comprender la situación en la que se encontraba. Todo su ser estaba abatido y no era fácil encontrar de nuevo el camino; los dolores musculares, la opresión en el pecho y la angustia persistente hacían que su vida se sintiera como algo que ya no tenía sentido vivir.

Recordó entonces el trabajo: un espacio que no le hacía sentirse bien consigo mismo. El tiempo que pasaba laborando estaba cargado de sentimientos adversos hacia actividades que iban en contra de sus proyectos profesionales.

Constantemente hacía renuncias internas, porque difícilmente podía concretizar sus ideas. El trabajo debía ser un sitio para proyectar sueños, intenciones, posibilidades; sin embargo, nunca podía hacerlo. Casi siempre existían condiciones que determinaban y condicionaban las disposiciones laborales bajo una política implícita que terminaba convirtiéndose en un deber ser.

Por eso, cuando le dijo a la secretaria que sentía una opresión en el pecho, aquella frase no fue solo una queja: era una necesidad de externar. Ya tenía bastante tiempo con ese síntoma, pero no se había percatado de lo serio que podía ser. Recordaba muy bien cómo, al expresarle esa preocupación, ella le contestó:

—No se preocupe, quizá solo es un malestar pasajero.

Eso fue todo. Erasmo le dijo que tal vez, tratando de no inquietarse; sin embargo, el dolor punzante le recordaba que algo estaba mal. Ya había ido al médico, y por cierto —así lo concibió él— resultó ser un mal médico: le hizo una pequeña auscultación y de inmediato decretó que era hipertenso; le dijo que debía tomar pastillas para la presión, porque de no hacerlo se iba a morir de un derrame cerebral o de un paro cardiaco.

Ese día y los consecutivos se sintió peor.

Con la moral por los suelos, la angustia se acrecentó; los dolores de cabeza se volvieron cada vez más intensos, hasta que terminó identificando que una de las causas principales también era muscular. Las contracturas detonaban la presión al grado de provocarle fuertes punzadas en la cabeza.

Por ello empezó a tratarse con distintos métodos: fue al quiropráctico, a la acupuntura, a tratamientos de masajes —deportivos, de sensibilidad, terapéuticos—; hidroterapia, etcétera... y nada.

Su amigo Horacio le dijo:

—¡Tú tienes un mal de amor!

Erasmo no le contestó de inmediato. El gesto, sin embargo, delataba impotencia e incredulidad. Pensaba que eso no era posible. Él se sentía enfermo; creía tener un problema serio en la columna: dolores musculares, alteración nerviosa constante, desplazamiento de vértebras... Y por más que le explicaran que eran síntomas y no la enfermedad misma, seguía incrédulo. No podía creer que todo fuera consecuencia de sensaciones amorosas.

Con amistades y compañeros de trabajo, Erasmo solía comentar lo dura que era su rutina: salir tan temprano para dejar a su hijo y a su esposa; ir a trabajar; regresar por ellos y volver a casa. Tantas horas de manejo en ese ir y venir diario, durante tantos años, lo tenían exhausto. Entre el agotamiento, las malpasadas en la comida, los corajes al manejar, la impotencia frente a la economía, las deudas, los deberes cotidianos, las exigencias laborales, el desgaste emocional con su familia de origen y con la familia de su esposa, la falta de relaciones sexuales y emocionales, la indiferente actitud hacia el placer y el bienestar del cuerpo... todo se concatenaba.

Por eso Horacio insistía:

—No eres feliz. Siempre andas con prisas, no te permites disfrutar de lo que te rodea. ¿Y todavía no crees que tengas un mal de amor? Es en serio. Si estás así es porque no has podido congeniar tu vida amorosa con tu realidad. ¿Por qué te espanta sentir? ¿A qué le tienes miedo? ¿Por qué ese sentimiento de pertenencia con tu compañera? ¿No la amas? ¿Tienes miedo de que te la quiten? ¿A perderla?

Erasmo no tenía respuestas. Intuía que Horacio tenía mucha razón... pero ¿cómo enfrentar algo así si las personas no estaban dispuestas al diálogo? ¿Cuál era la forma correcta de sostener una situación semejante? ¿Cómo aceptar que tenía un mal de amor? ¿Cómo enfrentar solo esa sensación de vacuidad existencial?

Cuando Erasmo regresó con el psicólogo, ya llevaba un escrito. Se lo entregó: casi diez cuartillas. Lucio se sorprendió un poco; las tomó entre las manos, las dejó sobre el escritorio, lo miró de frente y comenzó preguntándole cómo se había sentido durante esa semana.

Erasmo se quedó callado unos minutos.

Aunque era la segunda sesión, ya traía cierta confianza; y, haciendo uso de la palabra, inició el diálogo:

—Fíjate que durante mucho tiempo mi vida se vio trastocada por los celos aplastantes de los fantasmas que deambulaban en mi mente. Los veía como sombras que acechaban mi relación con mi esposa... Nunca pude quitarme ese posesivo: "mi". Siempre me ha acompañado. Y eso volvió la vida insostenible. Durante años viví con la incertidumbre de sentirme engañado, imaginando una y mil cosas bajo un velo de supuesta indiferencia... de amor no correspondido...

—Nunca pude descifrar cuáles eran las formas en que mi esposa podía amarme. Nunca supe si el amor se podía tocar.

Siempre me acompañó esa sensación inmaculada de pudor y silencio que en ella observaba; un pudor y una reticencia que se transgredían con el sucio sexo, para el que casi siempre había rechazo. Era un deseo que mi cuerpo manifestaba y que no podía compartir en la cama, porque no se podían ensuciar las manos ni los cuerpos.

Si a eso le aunabas la racionalidad laboral —donde no puedes desvelarte, no puedes emborracharte, no puedes tener un día de absurdo desenfreno porque hay que cubrir el preámbulo de los sueños con ideas "correctas"—, todo se volvía más pesado. Vivía con rabia, con coraje... y con un punzante dolor de celos asfixiantes que se mezclaban con la impotencia de no sentirme amado.

Lucio preguntó:

—¿Dices que tu esposa no ha querido, y no quiere, tener relaciones sexuales contigo?

—Así es, Lucio. Podría platicarte todo lo que hemos vivido como pareja, pero creo que está de más. Solo puedo decirte que hubo momentos —y los recuerdo con impotencia— en los que yo deseaba compartir el fuego que sentía por dentro, punzante, anhelante; quería verter esa impotencia contenida en un cuerpo que, a mi lado, yacía sin emoción ni deseo: solo un sereno descanso, indiferente a la necesidad pululante. Palabras como "duérmete", "mañana hay muchas cosas que hacer", "tenemos que ir a trabajar", retumbaban en mis oídos, junto con gestos de hastío, repulsión o esa actitud vana de voltearse, taparse o ignorar, en toda su plenitud, a quien la deseaba. Entonces, con la rabia contenida, me iba a dormir a otro lado... mojando las sábanas con el deseo reprimido hasta lo más profundo.

—¿Siempre fue así? —preguntó Lucio.

—No... no siempre. Hubo momentos, muy pocos, en los que lograba despertarla, y entonces podía sentir la humedad recorriendo y esparciéndose por mi glande. Sabía que al menos podía disfrutar por un instante. Por eso trataba, a como diera lugar, de mantenerme inconmovible; porque bastaba una oleada fuerte que golpeara mi sensibilidad para que, si pasaba lo contrario, se me viniera encima un sentimiento de culpa. Quedaba con la impotencia en la mente. Había esperado tanto ese momento para que, en un abrir y cerrar de ojos, se derrumbara mi deseo.

En aquel entonces eso era sinónimo de vacuidad existencial: sentimientos reprimidos donde no concretizaba ni emociones ni anhelos.

Lucio lo miró con atención y preguntó:

—A ver, Erasmo... suponiendo que tu pareja no quiera tener relaciones sexuales contigo, ni trato emocional, ¿por qué sigues junto a ella? ¿Por qué, si has sentido su indiferencia, se mantiene en ti un deber ser para con ella?

—Porque no es solo ella; también está mi hijo, y él es muy importante para mí. Estoy tratando de entenderme... de saber qué pasa. Tal vez te preguntes si mi esposa siempre fue así. Pues no. Cuando fuimos novios —y fueron muchos años— vivimos y descubrimos muchas cosas juntos, incluso la intimidad. Fueron momentos maravillosos. Nuestro noviazgo fue de esos que llamo históricos, porque ambos crecimos y aprendimos juntos. Yo creo que es como todos los noviazgos, ¿no?

—Supongo que sí —respondió Lucio—. Entonces... ¿qué pasó?

—No lo sé. Supongo que la cultura de origen volvió a apoderarse de ella... y de mí también. Pienso, además, que he sido muy inestable emocionalmente a lo largo de mi vida: demasiada pulsión, demasiada inseguridad. Siempre la he celado, y ella ha sido dedicada a sus actividades y proyectos de manera casi absoluta. Tengo una mujer profesionista, exitosa e independiente, y eso entra en contradicción con el estereotipo de mujer abnegada que, por cultura, yo quería. Pareciera que solo puedes tener uno de esos extremos... y que no son complementarios.

—¿Y cómo te sentías después del rechazo? —preguntó Lucio.

—Vacío. Muy pocas veces sentí correspondencia: entrega sin culpas ni prisas. En esos días entendí que para mí no bastaba el acto sexual; necesitaba la prolongación, el recorrido del cuerpo, la entrega pausada. El romanticismo erótico se me volvió una exigencia vital. Pero en un mundo donde todo es rápido, medido y agendado, eso parecía inapropiado.

—¿Cómo te sentías cuando lograbas esa correspondencia?

—Pleno... feliz... seguro de mi relación. Pero desde hace años esto se volvió una pesantez existencial. No hay día en que no peleemos: por el niño, por el trabajo, por la familia o por la economía. Hay noches en que despierto con dolor en el pecho y una angustia desgarradora, y la observo indiferente, fría, distante... como si no le importara lo que me pasa. Hay momentos en que deseo no amarla, no sentir nada... huir o morir para hacerla sentir culpable de mi muerte.

Lucio habló con serenidad:

—Te entiendo, Erasmo. ¿Qué pasaba por tu mente en esos momentos?

—Más que pasar por mi mente, puedo

decirte lo que sucedía en mí. Era tal la impotencia que sentía, que la pasión arrebatada se convertía —como mecanismo de autodefensa inconsciente— en una reticencia sobrada. Después temía darle un beso, un abrazo, o siquiera rozarla: quería evitar el rechazo o la evasión que tanto dolor me causaban. Y, a la sazón de tan pusilánime racionalidad, traté por todos los medios de no sentir; dejé, en apariencia, de desear.

Pero mis pasiones más recónditas empezaron a aflorar como un deseo vehemente, trastocado en noches continuas de inquietud. Me estallaba la sangre en la cabeza; buscaba, a torrentes, descargar una energía contenida por años. Fue cuando empecé a despreciar el cuerpo. Me molestaba sentir ese deseo constante e inconmensurable; y solapadamente empezaron a perfilarse en mí lecturas socráticas y platónicas: esa tesis de que el cuerpo es un envoltorio mortuorio que atrapa al alma y no la deja ser libre. Ansiaba ser libre. Odiaba que mi voluntad estuviera supeditada a la energía de mi cuerpo... y que mi cuerpo, a su vez, estuviera supeditado al de mi esposa. Y eso se transfirió a otras relaciones: cada vez que alguien intentaba manipularme moralmente, surgía en mí un sentimiento adverso que me empujaba a desistir, a cortar.

Lucio preguntó:

—¿Nunca deseaste a alguien más, Erasmo? ¿No tuviste la aspiración de encauzar ese deseo hacia otras mujeres?

Erasmo respiró y respondió:

—En innumerables ocasiones, Lucio. Y siempre tuve la pretensión de castigarla. Se lo dije muchas veces: que no desperdiciara esos momentos en los que todavía la buscaba, porque todo tiene un límite, y tarde o temprano ya no lo haría más. Pero eran palabras a oídos sordos. Ella no mostraba preocupación por la relación. Sus preocupaciones fueron, casi siempre, sus estudios, su trabajo, su familia de origen, y las personas con las que se relacionaba... y con las que yo la celaba. Porque algo que puedo decirte es que siempre imaginé que tenía a alguien más: algo que nunca me diría, pero que su actitud insensible me lo demostraba; tenía atenciones para los demás y no

para mí. Eso me hizo sentir desplazado.
¿Se avergonzaba? ¿Era compulsiva mi
actitud? ¿Era yo un paranoico? Lo que sí
sé es que no podía engañarla... si esa es
tu pregunta. Y te voy a contar por qué...

Lucio lo interrumpió con cuidado:

—Antes de que me cuentes, Erasmo...
supongo que eres infeliz con tu esposa.
¿Qué es lo que no te hace feliz de ella?

—No lo sé, Lucio. Supongo que es la
falta de amor que nunca me prodiga... o
la necesidad que yo cargo. Pero ¿cómo
sabes cuándo alguien te ama?

—¿Nunca?

—¿Nunca qué?

—¿Nunca sentiste el amor de ella?

Erasmo vaciló.

—Bueno... quizá muchas veces. No sé.
Me estás dando a pensar. Si el amor solo

es sexo... entonces ¿qué?... o ¿qué es el amor?

Lucio respondió, sin imponerse:

—¿Para quién? ¿Para ti? ¿Para mí? ¿Para todos?

—No lo sé. Mira... para mí, en su momento, deseo y amor eran inseparables. La pasión —no tan ferviente como cuando nos conocimos— todavía se recreaba, airadamente, en ambos; buscaba rehacerse a pesar de todo. Pero de un tiempo a la fecha, el divorcio de los cuerpos fue inevitable. Y no compartir el lecho convirtió nuestra relación en momentos de catarsis: reclamaciones, desengaños, corajes. En la calle, en la cocina, en la sala... trataba de besarla o tocarla, y ella rechazaba: "¿ya vas a empezar?", "sabes que aquí no se puede hacer nada". Otras veces trataba de deslizarme entre las sábanas donde ella pernoctaba, iniciando un rito de caricias trémulas, recatadas, entre atrevidas y reticentes... En muy pocas ocasiones daba lugar al desfogue de esa búsqueda; pero en la gran mayoría se quedaba dormida entre mis brazos.

Yo esperaba, ansioso, a ver si reaccionaba. Tenía paciencia. Y de pronto sentías una caricia mínima recorriendo el cuerpo... que poco a poco se difuminaba. Entonces, frente a esa dejadez, solo quedaba el vacío: la quietud de un sueño cada vez más profundo, ausente e indiferenciado.

Y a la sazón de tan pusilánime actitud, decidí salir de su cobijo tal como entré, pero ahora con frustración connotada. Ella, al sentir que me iba, me aprisionaba contra sí y me decía: "¿adónde vas? ¡espera!... déjame descansar un rato más y lo intentamos". Pero para entonces yo ya había perdido la paciencia. Y créeme: fueron muchos años de prolongada agonía emocional. Después, con el tiempo, bastaba un pequeño indicio de indiferencia para reactivar frustraciones pasadas y evitar, a como diera lugar, un acercamiento futuro. Por eso hoy me cuesta trabajo acercarme a ella... buscarla.

Lucio tomó aire y preguntó:

—Indudablemente existe una ruptura entre ustedes. ¿Te has preguntado qué ha dado lugar a esa ruptura? ¿Has intentado establecer comunicación con ella? ¿Le has dicho lo que sientes, lo que te angustia? ¿Has intentado relacionarte de otra forma que no sea a través de la sexualidad?

—¡Por supuesto! Pero siempre acabamos peleando. Cada que quiero platicar me dice que no es el momento. Tocar el tema es sinónimo de ruptura del posible diálogo y de toda tranquilidad. Me abstuve incluso de discutir, porque sabía que eso implicaba un divorcio de espíritus y cuerpos.

Una vez se me ocurrió presionarla para que expresara su sentir, sus corajes, sus emociones... y dos veces viví la angustia de verla casi desfallecer.

—¿Desfallecer?... ¿Cómo? —preguntó Lucio.

—Sí. Una vez, ya acostados, empecé a

preguntarle de todo: el trabajo, la escuela, sus padres, sus compañeros de ocasión, el amor, la sexualidad... todo lo que a mí me estaba generando problemas. La presioné tanto que empezó a respirar agitadamente, con intervalos de falta de aire, y entre sollozos le dio un ataque de pánico. ¡Desfallecida entre mis brazos!... ¡Completamente inerte!

La sacudía con pánico, por miedo a que muriera así... de una forma tan absurda. En ese instante mi corazón también se extenuaba. Yo le decía: "¡no me dejes, amor!", "¡tranquila!", "¡todo va a estar bien!". Me ponía a llorar con ella en mis brazos. Hasta que por fin se tranquilizaba y se dormía plácidamente. Para entonces ya eran las tres de la mañana; llevábamos horas discutiendo. Yo, una vez dormida, me acostaba y trataba de dormir... de descansar... de olvidarme de esa pesadilla.

—¿Y qué hacías ante esa situación?

—¿Qué hacía?... ya nada. Solo lo viví dos veces. A la tercera me dije: "ya está bien; si no quieres discutirlo, así lo dejaremos". Y no volví a presionarla. Me dio miedo... verdadero miedo... de que se me fuera así de la vida.

Lucio guardó silencio un instante y retomó:

—¿Qué pasó después, Erasmo?... Por cierto, me estabas platicando tus "frustraciones" sexuales, y yo te pregunté si habías deseado estar con otras mujeres.

—Sí... lo recuerdo. Mira: después de una

búsqueda inocua con mi esposa, corría a los laberintos de mi soledad y, en innumerables ocasiones, en mi imaginación me acompañaron amantes furtivas: sombras envueltas en cotidianeidad; hembras casuales, ideales, deseadas... que solo aparecían, a veces de manera irracional, en las noches bajo el velo de la penumbra. Hoy vivo desconsolado por tanta manipulación de mis deseos. Creo que era necesario experimentarlo; forzosamente necesario transgredir la cruz que solapadamente me había impuesto y que cínicamente llamé virtud.

Ahora comprendo que la fidelidad ideal o real solo es posible cuando existe reciprocidad pasional entre dos seres que se aman... y solo cuando no está de por medio la inestabilidad emocional de uno u otro. Y aun así, en mí surgió la pregunta: ¿por qué monogamia? Me la he hecho una y otra vez.

Yo escuchaba y veía a muchas personas: se evidenciaban engaños y mentiras, y a mí me causaba estupor la forma tan simple en que alguien podía hacerlo sin culpa. Para mí, engañar o mentir era imposible; me producía un sentimiento devastador... aunque hoy ya no puedo sostenerlo...

Lucio levantó las cejas:

—¿A qué te refieres?... ¡Entonces sí hubo alguien más!

—Bueno... hubo momentos. Brazos ajenos que se abrieron, labios que susurraron, miradas inquietas que se metían en mis adentros. Hubo vacilaciones, coqueterías con otras damas dispuestas a disfrutar del instante. Los espacios libres se abrían sin culpa para ellas... o quizá, en algunos casos, todo ya estaba premeditado.

Y yo coqueteaba con todo... llegué a rozar labios, a sentir palpitaciones, arrebatos, fantasías, sueños y esperanzas. Pero entonces me ponía serio y disipaba el calor de los cuerpos en la frialdad de la racionalidad mediática. ¡Rompía el hechizo!... y corría despavorido: entre mis miedos y mi escrupulosa virtud pisoteada. Ahí entendí lo importante que es tener conciencia de tu propia sexualidad.

—La primera vez fue con una compañera del trabajo. Aspiré más allá de la calidez de sus labios, de la piel, de preámbulos pudorosos. Busqué, con anhelo, el control de las caricias: explorar, satisfacer, apagar ese fuego que me desafiaba y corría por mi cuerpo con la intensidad de ser devorado por una vorágine ardiente...

Y cuando todo era propenso para dejarme llevar, la abandoné. Renuncié a sus labios carnosos e impetuosos. Renuncié a la odisea. Era lo más lejos que había llegado en mi vida... y entonces sentí miedo: pavor de no cumplir expectativas, y pavor de faltar a la cruz que me había impuesto.

Salí desconsolado... y, extrañamente, con una tranquilidad hermosa: un sentimiento contradictorio entre placer y culpa. Salí del lugar casi huyendo. Subí al carro, lo encendí; empezaba a llover. El agua corría por mi brazo y dejé que me acariciara... como si la lluvia todavía pudiera devolverme esas sensaciones que, en antaño, te hacían sentir vivo, deseado.

Lucio preguntó, con precisión:

—Aparte de esas emociones, ¿qué sentías? ¿Angustia, coraje, dolor?

—No... más bien sentimientos encontrados. Deseaba hacerlo, pero también me sentía sucio. En ese encuentro no pude sentirme pleno. Me sentí mal por ello. Es como si mi cuerpo me traicionara, como si me reclamara mi falta.

Es difícil —al menos para mí— sentir la sombra de la moralidad acechándote: te empuja a buscar consuelo en la reticencia de lo que callas... de lo que deseas... y de lo que, humanamente, también tenías derecho. ¿Sabes qué hizo que me fuera?... ¿qué me hizo salir huyendo?

—No...

—Que cuando yo estaba intentando recrear ese momento de placer, a ella se le ocurrió decirme —me imagino que por mi reticencia—: "¿estás preocupado por que llegue mi esposo?... ¡mira!". Se levantó, tomó el teléfono y le llamó. Platicó con él y le dijo que estaba conmigo viendo lo de un trabajo. Incluso le preguntó a qué hora llegaba para comer. Colgó y me dijo: "¿ya ves?... no hay problema. Va a tardar".

Eso me desarmó. Me sentí pusilánime, avergonzado. Pero ¿sabes qué fue lo que más me dolió?... mi propia proyección. Imaginé a mi esposa en llamadas que yo le había hecho, preguntándole qué hacía y con quién estaba. ¿Y si estaba igual?... ¿contestándome mientras estaba con alguien más?

Eso me asustó. Y me hizo sentir peor. Entonces, con tranquilidad aparente, tomé mis cosas y le dije: "entonces luego nos vemos, ¿no?". Ella se quedó estupefacta... y me imagino que con impotencia y coraje.

Pero al salir entendí instantáneamente que no era ella... sino las imágenes de mujeres tipificadas con las que me había relacionado en la vida: la mojigata y la desenfrenada, la indecorosa y la puritana, la hogareña y la disoluta, la ama de casa y la profesionista... y tantas evocaciones más cruzándome por dentro.

Lucio guardó silencio unos segundos, y luego dijo:

—Te entiendo, Erasmo... Bueno... vamos a dejarlo así por hoy, ¿está bien? ¿Te veo la próxima semana?

—¡Por supuesto!... Te veo la próxima semana. ¡Gracias!

CAPÍTULO III

La conciencia fracturada: deseo, culpa y lucidez

Después de unos días, Lucio tomó entre sus manos el escrito que Erasmo le había entregado y, cuando empezó a leerlo, no solo veía la historia de un paciente: veía también la historia de sí mismo y la de tantos otros que deambulaban por la ciudad y por el mundo. Era una historia de amor, de sexualidad, de soledad, de libertad; de sentimientos adversos, de crisis de identidad, de paranoias postmodernas y de compulsiones emocionales, rozando la neurosis del desequilibrio y asomándose, por momentos, a los límites de las psicosis pasionales.

Erasmo no era un paciente típico que buscara encajar o adaptarse a su medio. Era lo contrario: un ser que intentaba encontrar sentido, sin importar el lugar en el que se encontrara. Estaba consciente —no de lo que vivía, pues esa era su búsqueda— sino de lo que no quería vivir.

Entre otras cosas, Erasmo escribió:

... ¿Qué somos?, ¿de qué estamos hechos?... De emociones e ideas. Observo cuanto siento; comparo cuando me percibo vulnerable. Miro a mi alrededor como si fuera la primera vez y distingo emociones encontradas: algunas a flor de piel y otras eminentemente recatadas...

Hoy, como tantos días, me percibo frágil; me percibo como un ser absorto, perdido en la cotidianeidad. Me he sentido mal. No ha bastado el placer físico y mental solitario para sustraerme de la soledad. Me hace falta el calor de la piel, la humedad de los besos y de la entrepierna de mujer. Me hace falta mirar y extasiarme con el cuerpo de mi mujer; no me importa que sea grotesco por sus formas asimétricas o amorfas: me importa percibir su sonrisa y el aroma de su piel, el andar meloso entre pudorosa y libertina.

Quiero sensibilizar mis sentidos; percibir en el semblante el aliento de ella: fresco y cálido. Quiero el calor de la piel, la sonrisa y la mirada de quien se sabe enamorada. Aspiro a sentir en la mano su terso tacto recorriendo mi brazo, mi espalda, mi cuello, mi pecho, mi desnudez. Anhelo con mis manos recorrer palmo a palmo su cuerpo; besarlo y acariciarlo. Deseo mirar un rostro, por este día, complaciente. No quiero excusas, ni reclamos, ni angustias o preocupaciones. Solo quiero extasiarme con una piel húmeda de la cual emane frescura y sensualidad...

¿Qué es una esposa? ¿Una atadura moral que reprende las acciones propias de los libres? ¿De los solteros? ¿De los que no tienen nada ni a nadie a quien justificarse? Me veo inmerso ya en los corredores de la claustrofobia marital y, sin embargo, deseo fervientemente a mi esposa: me hace falta... ¡Tengo tanto tiempo sin tocarla!

Ella no lo desea... o acaso soy yo el que siente el peso del pasado. Me espanta la soledad; tengo miedo. Siento en el pecho y en el vientre una sensación de vacío. Ya no logro vislumbrar la diferencia entre el hombre y la bestia, entre la civilización y la barbarie. La sensación y el ardor me delatan.

Quiero sentir la liviandad existencial; despertar en un sinfín de emociones y placeres que me hagan sentir que estoy vivo. Quiero la liviandad del ser y no la pesantez existencial a la que alude Milán Kundera en *La insoportable levedad del ser...*

No, no... ¡No puedo! Tengo miedo a la vacuidad, al absurdo, a la sinrazón. ¿Qué es la razón?, ¿quién la determina?

¿Quién decide lo bueno y lo malo? ¿La ciencia?, ¿la religión? ¿O es un vil maniqueísmo convencional y moral de una sociedad como la nuestra? Hay veces que me fastidian estas sinrazones existenciales; me obligan a pensar más de lo debido. No hay deber ser que no deba ser cuestionado.

He pensado también que uno de los lazos que te unen a una mujer es la piel. Al menos hoy, es algo que necesito. Quizá otros estén fastidiados de lo mismo; yo, más bien, lo deseo: volver a sentirme enamorado. Y no necesariamente de alguien más, sino de mi esposa.

La pregunta es: ¿no importa si muero? ¿Quiero seguir con la misma cruz? ¿Para qué me casé? ¿Qué quería obtener que no obtengo?

Quería la certeza de mi sexualidad y no sentir soledad. Quería una familia donde estuviéramos juntos, departiendo grandes momentos... y, sin embargo, me siento solo. Hay veces que pienso: ¿para qué te unes a alguien? ¿Será tan solo por la garantía del sexo? ¿Por asegurar el bienestar económico y el apoyo moral? Porque, si es todo eso, parece que solo he adquirido algunos beneficios... y de ellos está ausente el amor, y el amor es vital, primordial.

También me he percatado de que necesito actividades. He notado que ella es lo que hace y eso es lo que le permite sobrevivir; al menos eso observo en todo lo que emprende. Es una mujer eminentemente pragmática. Quizá es algo que yo no tengo, que no he buscado, que nunca consideré. ¿Qué tan importante es el pragmatismo en la construcción de una vida?

He estado pensando en las parejas modernas, en los redimensionamientos familiares, en lo que han llamado y justificado como "elasticidad familiar"; ese concepto sociológico postmoderno que hace que parejas y familias colapsen frente a los desafíos del libre mercado.

Es observable cómo mujeres y hombres que trabajan extienden sus horas laborales tanto como les es posible, a fin de producir más según la lógica del mercado. Pero eso implica pasar jornadas enteras con otras personas de la misma condición, y allí se generan lazos emocionales y sexuales al pernoctar largas horas en la misma rutina. Frente a ello, se demanda —desde casa— la comprensión de una familia indiferenciada y abandonada; una familia que, a pesar de todo, debe recibir a su pareja con una sonrisa, con una bienvenida por encima de su soledad connotada, de su impotencia y de su tristeza.

Son horas de absurda incongruencia entre lo que vives y lo que deseas vivir con tu pareja o con tu familia. Porque cuando llegan tarde y preguntas: "¿por qué tan tarde?", siempre aparece la misma cascada de justificaciones: "por el trabajo", "tuve que hacer muchas cosas", "estuve revisando", "acomodando", "tal persona me ayudó", "también se fue tarde", "discutimos" ... y así, indefinidamente.

Y no se diga de la asociación que se deriva cuando no falta quien nombre constantemente a tal o cual compañera o compañero, proyectando un conjunto de sentimientos adversos. Sin conocerlos, ya preconcibes un juicio; de tal forma que con solo escuchar el nombre, ya estás enojado. ¿Será el sistema social o la actitud misma del hombre o la mujer que busca justificar su estatus?

Por eso me duele lo mucho que se "estira" la familia. Siento disfunciones, y eso me agobia. La sexualidad se ha convertido en una tortura permanente y ha hecho de mis momentos algo incomprensible.

¿Será posible que solo yo lo sienta? ¿Que sea el único con este deseo que quema las entrañas? ¿Será que los demás son felices y únicamente yo sea infeliz?

He permanecido sojuzgado en mi propia actitud, como si callara mi mezquina vida. Siento una gran inseguridad y unos celos aplastantes. Hay veces que la veo enamorada y siento —imagino— que no es para mí.

Me he percatado de que, cuando mantengo relaciones emotivas con mi pareja, la siento mía cuando se entrega y entonces aparece en mí una seguridad extraordinaria, a prueba de fuego. Pero cuando eso no sucede, abrigo una soledad deprimente, un coraje y una irritabilidad explosiva; me la imagino con alguien más, me la imagino de mil formas... y siempre estoy al acecho, en vigilia. ¡Nada más enfermizo que eso!

El acto de posesión se da en presencia del otro; y solo cuando aparece la ausencia, es cuando sientes la soledad. Todavía siento el dolor... ¿No lo perciben? Indudablemente todavía estoy vivo... lo sé. Entonces, ¿qué está pasando?

El ser humano debe aprender a sentirse dueño de sí mismo, de sus tiempos y de sus espacios. Debe aprender a concretizar sus sueños de una manera firme y consecuente con sus convicciones. ¿Se es demasiado humano para ello?... ¡No lo sé!

Hay momentos concretos en los que me siento seguro, donde la familia no parece tan elástica. ¿Elástica?... De nuevo me fastidia escuchar la palabra cuando ponen a prueba mi tolerancia y mi paciencia.

Cuando no existe hora de entrada ni de salida, cuando no hay claridad sobre dónde se anda, es cuando me siento extraño; sobre todo porque dejan de pertenecerme los espacios y los tiempos del otro. Es terrible. Parece que nos apropiamos del entorno de la persona, como si quisiéramos chupar el tuétano de sus huesos. Nos volvemos posesivos y se extiende la propiedad privada como un derecho inalienable que no queremos perder.

Es interesante observar cómo la vida deja, lentamente, de ser completamente nuestra. ¿Será parte de la concesión de vivir en sociedad? Realmente tenemos que ceder parte de nuestra soberanía, de nuestro poder, como en el contrato social de Rousseau. Vivir en sociedad requiere ser consensual. Tal vez ceder parte de sí mismo al otro o a los otros.

¿Significa no tener libertad? ¿Es una libertad condicionada? ¿Una libertad consensuada o compartida?

¿En qué momento se es libre? Veo el caso de mi esposa y me pregunto: ¿ella es libre? Mientras haga lo que su voluntad le determina, parece que lo es.

¿Yo soy libre?... Pero ¿en qué momento la voluntad se autodetermina como tal? ¿Es extrínseca o intrínseca? ¿Se determina por sí misma o está sujeta a otro poder?

La voluntad, también he pensado, es una acción que se determina por el libre albedrío. Pero ¿quién determina ese libre albedrío? He observado a innumerables seres humanos que se dicen libres y, sin embargo, sigo viendo sobre ellos cadenas sin fin: económicas, culturales, sociales, morales, religiosas, políticas... Al final, siempre somos dependientes.

He dado un giro a mi vida y me preocupa. Me angustia... pero ya no puedo detenerme. Estoy intentando vivir, hasta cierto punto, una avasallante simplicidad existencial. Me encuentro en una actitud de liviandad —absurda—, como la ola a la que Octavio Paz aludía: ese amor impenetrable, irracional, inviable... pero ahí estaba, con toda la fuerza de su ser.

Tengo un falso presentimiento sobre el futuro y sobre el rompimiento coexistencial entre mi compañera y yo. Cada día la veo más extraña. Su cuerpo y su corazón se rehúsan una y otra vez. El absurdo se apodera de la vida. La claustrofobia marital, en ocasiones, se vuelve insostenible e intolerable. Mi neurosis se hace indefectible mediante procesos de vida que reflejan hastío, pesadumbre y nostalgia.

Sueño con algo diferente, con algo que realmente me haga sentir vivo. No estoy disfrutando la vida. Me ahoga y me confunde. Veo las inferencias sociológicas del supuesto buen vivir. Veo el impacto psicológico del *modus vivendi* postmoderno. Veo el peso de la supuesta intelectualidad orgánica y de las formas de organización social basadas en el rendimiento económico.

Veo a mi compañera con todo el peso del sistema. La veo cada día más entrelazada con las dinámicas del capital, y creo que poco a poco nos vamos perdiendo el uno al otro.

He pensado qué tan absortos vivimos en este proceso integral de una vida pseudoconcreta: una vida perdida en la sinrazón, en la incongruencia entre los espacios y los tiempos que enarbola la llamada filosofía del porvenir.

¿Qué hemos hecho con esta vida? ¿Qué se pretende cuando la frivolidad, el hastío y la vacuidad se apoderan de nosotros? ¿Qué hacemos cuando vemos cómo la simplicidad de la coexistencia se restablece en un orgasmo eventual que nos ahoga y nos deja sin aliento, para al día siguiente continuar siempre luchando?...

¡Estoy exhausto!...

Lucio levantó la vista del manuscrito. Cerró lentamente el cuaderno y permaneció en silencio unos segundos. No necesitaba un diagnóstico inmediato. Comprendía que estaba frente a una conciencia fracturada, no por enfermedad, sino por lucidez. Aquello no era solo el relato de Erasmo: era el reflejo de una época.

CAPÍTULO IV

La escritura como espejo: decir lo que
no podía decirse

Erasmo regresó a casa con una
sensación extraña: una mezcla de alivio
momentáneo y una inquietud
persistente que no lograba disiparse.
Había hablado. Había pronunciado
palabras que durante años
permanecieron sepultadas bajo capas de
silencio y simulación cotidiana. Sin
embargo, esa apertura aún no le
concedía la claridad que anhelaba. Tenía
la impresión de haber removido apenas
la superficie de algo mucho más
profundo, algo que seguía latente,
aguardando ser nombrado.

Al entrar en casa, el ruido habitual lo recibió como siempre: pasos, voces, objetos desplazándose sin mayor atención. Todo continuaba su curso normal, indiferente al terremoto interno que lo sacudía. Saludó, dejó las llaves sobre la mesa y se sentó unos instantes, intentando recuperar el aliento. La rutina no se detenía por la angustia de nadie.

Esa noche, al recostarse, el insomnio volvió a apoderarse de él. Miraba el techo en la penumbra mientras los pensamientos se atropellaban unos a otros. Fragmentos de la sesión regresaban en ráfagas: frases sueltas, preguntas abiertas, silencios densos. La respiración se le hacía pesada, no por dolor físico, sino por la carga emocional que parecía asentarse sobre su pecho.

Pensó en Lucio, en la manera en que lo había escuchado sin interrumpirlo, sin juzgarlo. Aquello lo desconcertaba. No estaba acostumbrado a ese tipo de atención. En su vida cotidiana todo exigía respuestas rápidas, soluciones inmediatas, productividad constante. Nadie parecía tener tiempo para escuchar sin esperar algo a cambio.

Cerró los ojos y trató de escribir mentalmente, de ordenar las ideas que habían quedado suspendidas. Comprendió entonces que la escritura no era solo un encargo terapéutico, sino una necesidad urgente: una forma de no perderse del todo, de dejar constancia de su propia existencia en medio del ruido.

Al día siguiente, durante el desayuno, observó a su esposa en silencio. La miraba moverse de un lado a otro, cumplir con sus actividades con una precisión casi automática. No supo si sentir admiración, distancia o una mezcla dolorosa de ambas. A veces la sentía cercana, casi entrañable; en otras, la percibía como una desconocida con la que compartía un espacio, pero no un mundo.

Se preguntó, sin atreverse a decirlo en voz alta, en qué momento se habían convertido en eso: dos personas que convivían más por inercia que por deseo. No quería culparla, pero tampoco podía seguir ignorando lo que sentía. La omisión se había transformado en una forma silenciosa de violencia contra sí mismo.

Durante el trayecto al trabajo, el tráfico volvió a imponer su lógica absurda: bocinas, insultos, prisas sin sentido. Todo reforzaba su percepción de vacío. Se preguntó cuántas personas, como él, transitaban cada día con el cuerpo presente y la mente ausente, sosteniendo una vida que ya no les pertenecía del todo.

En el trabajo intentó concentrarse en sus tareas, pero la mente se le escapaba una y otra vez hacia los mismos cuestionamientos. Respondía correos, asistía a reuniones, asentía cuando era necesario; todo desde un automatismo aprendido. Su cuerpo cumplía, pero su pensamiento se encontraba en otro lugar, dialogando consigo mismo.

Observó a sus compañeros. Algunos parecían cómodos en esa dinámica; otros, como él, cargaban un cansancio que no se explicaba solo por las horas de trabajo. Se preguntó cuántos habían normalizado ese desgaste permanente, cuántos habían renunciado ya —sin saberlo— a cualquier aspiración que no fuera cumplir con lo inmediato.

Durante un receso recordó las palabras de Lucio acerca de escribir todo aquello que lo angustiaba. Sacó una libreta y comenzó a anotar frases sueltas, ideas inconclusas, pensamientos que brotaban sin orden. No buscaba coherencia; necesitaba vaciarse. Cada palabra escrita le otorgaba una mínima sensación de control, como si al nombrar lo que sentía pudiera, aunque fuera por instantes, domesticarlo.

Al regresar a casa por la tarde, la escena se repitió: conversaciones breves, silencios prolongados, miradas que evitaban profundizar. Su esposa hablaba de pendientes, compromisos, asuntos prácticos. Él escuchaba, respondía lo necesario, pero por dentro se acumulaba una distancia cada vez más difícil de ignorar.

Esa noche volvió a escribir. Ya no eran solo frases dispersas, sino párrafos enteros que daban cuenta de su malestar, de sus dudas, de sus contradicciones. Se sorprendió al releerse. No se reconocía del todo en esas palabras, pero sabía que eran suyas. Comprendió que, de algún modo, estaba empezando a hablarse con una honestidad largamente postergada.

Pensó nuevamente en su hijo. La imagen del niño funcionaba como un ancla: lo retenía, lo obligaba a no rendirse del todo. No quería repetir patrones, no quería heredar silencios ni frustraciones. Ese pensamiento le producía una mezcla de ternura y responsabilidad que lo sostenía en los momentos más oscuros.

Al acostarse, el cansancio terminó por vencer al insomnio. Antes de dormir, tuvo la sensación de que algo se movía lentamente en su interior. No sabía si era esperanza o resignación, pero entendió que el proceso apenas comenzaba y que no habría respuestas inmediatas.

En los días siguientes mantuvo esa rutina silenciosa: trabajar, regresar a casa, escribir por las noches. La escritura se volvió un espacio íntimo, casi sagrado, donde podía decir lo que no se atrevía a pronunciar en voz alta. No buscaba respuestas definitivas; buscaba comprenderse, aunque fuera de manera fragmentaria.

En más de una ocasión pensó en abandonar el proceso, convencerse de que exageraba, de que aquello no era más que una etapa pasajera. Sin embargo, algo en su interior se resistía a esa negación. Había cruzado un umbral y sabía que ya no podía regresar al estado anterior sin traicionarse.

Comenzó a observar con mayor atención los pequeños gestos cotidianos: una palabra no dicha, una mirada esquiva, una respuesta automática. Todo adquiría un nuevo peso. No era la realidad la que había cambiado, sino su manera de mirarla.

Erasmo empezó a comprender que su malestar no era un accidente aislado, sino el resultado de años de acumulación silenciosa. No había un solo culpable ni una causa única. Era una trama compleja hecha de expectativas no cumplidas, renuncias no reconocidas y afectos postergados.

Una tarde, mientras regresaba del trabajo, se sorprendió pensando que, por primera vez en mucho tiempo, no se sentía completamente ajeno a sí mismo. Seguía dolido, confundido y cansado, pero ya no estaba anestesiado. El dolor, al menos, tenía nombre, y eso le otorgaba una extraña sensación de dignidad.

Sabía que el camino que había iniciado no era sencillo. La terapia no prometía soluciones inmediatas ni certezas absolutas. Aun así, intuyó que enfrentarse a lo que sentía era preferible a continuar viviendo desde la negación.

No quería seguir existiendo como espectador de su propia vida.

Esa noche, antes de dormir, escribió una última frase en su cuaderno y cerró la libreta con cuidado. Apagó la luz con la certeza de haber dado un primer paso indispensable: mirarse sin huir.

Cuando regresó a consulta, Lucio tenía ya una percepción clara de su malestar. No una cura, sino la intuición de aquello que humanamente nos ata a los impulsos primarios, a ese torrente de pulsiones vitales al que Lacan aludía y que hace del hombre un ser dependiente y, al mismo tiempo, inconmensurable.

—Bien, Erasmo —dijo Lucio—. ¿Qué me cuentas? La última vez, si mal no recuerdo, hablamos de la relación entre el amor y la pasión. ¿Por qué dices amar a tu esposa y, al mismo tiempo, desear a otra mujer?

Erasmo se dio un momento para responder. Se acomodó en la silla, entrecerró los ojos, frunció ligeramente el ceño, inhaló profundo y dijo:

—Quizá porque la duda sobre lo que amamos habita en la ausencia de aquello que nos da vida... ¿no?

—Puede ser, Erasmo... Bueno... suponiendo que sea así, ¿qué piensas sobre ello?

—Antes quiero dilucidar —sin menoscabo— por qué digo que amo a mi esposa. Difícilmente podría definirse el amor; creo que, humanamente, apenas alcanzamos a adjetivarlo. Porque el amor son ritos, ternura, admiración, comprensión, deseo y respeto. ¡Ah!... ¿Sabes, Lucio? Ese valor me impresiona por su connotada interpretación, ya que el llamado respeto raya, muchas veces, en la mediocridad convencional del trato puritano; y no pocas veces se pierde en el amante pudoroso, que osadamente rompe con el estatus consabido, con la regla, con los planes o con la racionalidad sexual.

—¿Con la racionalidad sexual?

—Sí. El respeto, en muchos casos, es un absurdo coexistencial que recae en un falso convencionalismo lleno de moralidad y de pudores fabricados.

—¿Cómo?

—En casi todas las relaciones de pareja —sobre todo cuando deciden contraer matrimonio— se cae en una relación sexual y emocional llena de atavismos religiosos o morales que no permiten la entrega total de los cuerpos, ni la pasión que podría existir entre ellos. Cuando, en realidad, hombre o mujer busca ansioso al ser que lo hará feliz, aunque sea por un momento: aquel que le dará tranquilidad, que transpirará confianza, que le devolverá —aunque sea por instantes— el ansia de estar, de sentirse visto, deseado; de experimentar el amor y no detenerse, sino vivir una embriaguez pasional —aunque pasajera— que te aleje, palabra a palabra, palmo a palmo, beso a beso, de eso que llaman cotidianidad.

El respeto es, a veces, la cercenación del espíritu; y otras, refleja la perpetuación de una convicción airada, obsesionada: sostienes deliberadamente que alguien te "respeta" solo cuando no se involucra con tus ideas, creencias, moralismos, paradigmas o decisiones humanas. Entonces el supuesto amor se convierte en una estúpida relación de respeto de egos; una coexistencia pacífica, disimulada, basada en la no injerencia de los "yos". Una relación de indiferencia humana, sustentada en el divorcio dialógico de los espíritus.

¿Me entiendes, Lucio?

—Estoy tratando, Erasmo. Sin embargo, la pregunta surge en ese momento: si tienes idea de lo que vives... ¿por qué no puedes entender qué te pasa?, ¿qué te agobia?

—¡Eso es lo que intento! Eso es lo que he tratado de entender durante muchos años. Y solo ahora —cuando siento este enorme vacío, esta necrofilia, esta pesantez existencial inundando mi espíritu, esta sensación de muerte y abandono— es cuando por fin he podido conciliar lo que soy, lo que no quiero ser y lo que quizá quisiera ser.

Pero sigo en la búsqueda. Por eso pedí tu apoyo. Quizá porque me escuchas; quizá porque tus preguntas me obligan a pensar más, a desafiar mi dolor, mi angustia. ¿Me entiendes?

—Claro, Erasmo. Continúa.

—El amor es una palabra compleja. En palabras de Fromm, todos estamos ávidos de él, pero pocos lo estudiamos o lo cultivamos como un arte. Sin embargo, todos buscamos vivirlo y lo transferimos al objeto amado; y entonces llegamos a la cosificación de las relaciones humanas, como lo describiera Karel Kosík: cosificación que muy pocas veces los grandes amantes han superado.

¿Cuántas historias de amor han colapsado a lo largo de la humanidad? ¿Cuántos espíritus se han cercenado en la sensibilidad de su ser? ¿Cuántas veces negamos —una y otra vez— lo que humanamente anhelamos? ¿Cuántas historias narra Igor Caruso sobre la separación de los amantes, que no hayan fracasado o renunciado?

La pregunta es: ¿por qué? ¿Por qué esta claustrofobia? ¿Por qué negar el amor y el erotismo que anhelamos? ¿Por qué esta falacia moralista enclaustrada en un puritanismo convencional, en expresiones vulgares, como: "¡yo no!", "¿cómo crees?", "¡jamás!", "¡nunca lo haría!", "¡es asqueroso!", "¡ni lo digas!", "¡es amoral!"... todo dicho desde mojigaterías ideológicas y morales.

Sabemos —y es un secreto a voces— que aquella mujer u hombre que se muestra íntegro, pulcro, serio, estricto, ecuánime, limpio, incapaz de mostrarse tal como es con el esposo o la esposa... es todo lo contrario con el amante. Nada que no nos haya referido Carlos Fuentes en *Las buenas conciencias*.

Lucio se quedó pensando; tal vez algo le devolvió el comentario de Erasmo. Retomó la palabra:

—Mira, en la actualidad sabemos que el convencionalismo moral y la conducta social determinan las condiciones en que se debe tratar el amor, la pasión, el enamoramiento. No es extraño que quienes van contra esos convencionalismos terminen en la desgracia o la tragedia.

—Sí, eso es verdad. Pero entonces no es el sujeto el que está mal: es la sociedad misma la que se corrompe. Somos un producto social: reproducimos los mismos esquemas que nos han legado, y muchos pensadores lo han evidenciado. Ir contra lo instituido siempre supone ruptura.

Sé que me voy al extremo... pero por eso sacrificaron a Cristo, ¿no? Quemaron a Giordano Bruno; a Sócrates lo obligaron a tomar cicuta; al Che Guevara lo acribillaron; a otros tantos los mataron o los desaparecieron. Nietzsche ironizó estos convencionalismos, y aun así siempre predomina el racionalismo institucional, familiar, convencional.

¡El deber ser!... ¿No?

Así tienes a Marco Antonio y Cleopatra... o a Romeo y Julieta: Shakespeare también tuvo que matarlos. Todo aquello que atente contra lo constituido termina en tragedia. ¡Absurdo!, ¿no?

—Así parece. Entonces... ¿cómo te sientes?, ¿qué tanto te afecta esta dualidad?, ¿la has comprendido?

—Es difícil explicarlo. Son tantas sensaciones que uno... Pero te pregunto: ¿no te ha pasado que sientes una rabia grande? Muy grande. Como si valoraras la vida en cuestión de segundos y, dependiendo de quién esté a tu lado, lo haces responsable de lo que pasa. Cualquier evento te hace recordar algo reprimido, un sentimiento escondido que no has podido decir; y se aprisiona dentro de ti con obstinación, cegando los pocos momentos de lucidez que te quedan.

—Por supuesto.

—Así me pasa. Ves lo absurdo de la vida; te sorprende la pesantez con que se presenta. No te das la posibilidad de entender lo que ocurre: te sientes bloqueado. Te molesta cómo vives, pero no sabes cómo liberarte.

Te sientes aprisionado y no ubicas en qué momento puedes romper lo que te aprisiona. Solo percibes impotencia... y rabia. Una rabia que va mermando tu salud y tu vida.

Entonces buscas aislarte. Te encubres en ti mismo. Intentas hallar consuelo en la abstracción de la realidad que te rodea. Y cuando buscas transformar tu contexto, encuentras realidades que se oponen a lo que crees; entonces dudas de ti, dudas de todo. Y sabes que, si das un paso para encontrarte a ti mismo, corres el riesgo de perderte en la soledad...

Y la soledad espanta. Abruma. Angustia. Tal como analiza Octavio Paz en *El laberinto de la soledad*. Por eso son pocos los que dan el paso: los que buscan su libertad; los que están dispuestos a abandonar la caverna; los que están cansados de ver solo sombras.

—Eso es verdad, Erasmo. Disculpa que te interrumpa, pero... ¿a dónde te lleva todo esto? ¿Qué quieres encontrar? ¿Otra mujer? ¿Otra forma de vida? La vida es así, tal y como la concebimos. ¿Qué puedes cambiar?, ¿al medio, a las personas? ¿No crees que eres tú quien debe cambiar?

—¿Qué busco?... En mi caso, algo más que vivir por vivir. Voy caminando, quizá lento, pero con demasiada insatisfacción. Hay aspectos de la vida que los siento lejanos; otros tan cercanos y dañinos, que sin embargo nadie quiere discutir ni aclarar.

La sinceridad espanta. Vivir con el corazón en la mano aterra.

La búsqueda de la libertad del ser se vive con un frustrado sentimiento de soledad. Y la libertad me recuerda esa definición del derecho romano: se es libre en la medida en que se respete la ley, el marco jurídico, las normas de convivencia. La pregunta es: ¿quién lo dispuso? ¿Puede una ley ir contra la libertad? ¿Por qué tendría que ser así?

—Yo creo que sí... Pero al final, eso permite vivir en sociedad. De lo contrario, tendrías que vivir muy solo. ¿Quieres vivir solo?

—Buena pregunta... yo creo que no. No podría, al menos no en un sistema social como el nuestro. Creo que cuando dos soledades se unen no es para comprenderse: es para reafirmarse en su individualidad. Cada cual tiene sueños, metas, intereses distintos. A veces se coincide, y entonces se intenta un acuerdo; pero eso no es sinónimo de tranquilidad para ninguno. En nuestras individualidades siempre buscamos bienestar, la llamada "tranquilidad".

Nada más ilusorio, ¿no?

—Así parece.

—No hay tranquilidad. No existe tal. O quizá existe solo como negación del conflicto. Ignoramos las diferencias. No vemos que la vida es dualidad.

Se es madre o padre porque hay hijos. Se es paciente porque hay doctor. Se es gobernado porque hay gobernador. Se es alumno porque hay maestro. Percibimos lo blanco porque existe lo negro. Hay fuerzas positivas y negativas incluso en lo microscópico. Todo es dialéctica de contrarios... así también las emociones.

¿No te parece?

—No lo había pensado así, Erasmo... no lo había transferido a las emociones. Supongo que tienes razón.

—Hoy me siento enfermo del corazón. Siento soledad. Me pesa mi salud. Ha habido momentos en que he dejado de amar la vida. Es como si te abandonaras al sentir esa pesantez existencial y saber que te ganó.

Entonces lo trágico se apodera del sentir y buscas ahogar tu abandono en un destino no manifiesto.

¿Qué se busca en la vida? Quizá caminar con el alborozo del viento en el cabello, sin más camino que percibir la sensación de estar vivo. O quizá lo que se busca es equilibrio: apreciarte, y hallar una razón.

—Yo creo que la vida no es solo pensar: también es sentir. Sin embargo, lo que sentimos lo negamos, lo enterramos. ¿Cuántas emociones has enterrado, Erasmo?

—Tantas como lo manifiesta este cuerpo enfermo. La razón de la vida cambia conforme a la expectativa filosófica del ser. En el poeta está la poesía; en el político, el poder; en el maestro, enseñar; en el avaricioso, la riqueza; en el amante, el amor; en el hedonista, el placer; en el guerrillero, la libertad... la lista es interminable. La llamada búsqueda de la felicidad depende de lo que se busque en la vida.

—Para Freud, la patología está en lo reprimido, en lo inconsciente. Yo pienso que en lo vivido, en lo que has intentado coexistir con otros espíritus y en la cercenación que has sufrido en esa coexistencia, según lo que me has platicado. En esa lucha por sobrevivir se ha apoderado de ti la necesidad de no dejar de existir.

Ahí surge ese deseo que Viktor Frankl hace manifiesto en *El hombre en busca de sentido*: donde se rompen moralismos y cualquier otra sensación de coexistencia, porque la esperanza del existir es lo único que sostiene a un ser sometido a las peores calamidades.

Pero en ti, más de una vez, ha perecido el deseo de ser. Y el dolor llega a ser tan grande que ya no deseas sentir. Ya no te aferras a la vida.

¿Por qué? ¿Por qué esa necesidad de nulificar tu razón existencial? ¿Por qué aferrarse tanto al pasado? ¿Por qué ese pasado se vuelve demiurgo del presente y profetiza el futuro? ¿Por qué el hombre vive sofocado en la pasión de sus emociones, de sus inquietudes y deseos? ¿Por qué no dejar en el olvido lo vivido? ¿Por qué recuerdas lo que hace daño? ¿Cómo puede el hombre perder la esperanza cuando no hay un poder superior acechándolo?

Me uno a tus cuestionamientos, Erasmo.

—Tienes razón, Lucio. Indudablemente el hombre es un ser multidimensional, atravesado por la cultura: ese gran conjunto de experiencias vividas y recreadas a la luz de una dimensión desconocida, que una y otra vez trae remembranzas de sí mismo en un zarpazo del inconsciente; de ese gran colectivo imaginario que Jung describiera, y que perfora la intimidad histórica bajo un velo de icónica muerte coexistencial.

Lucio respiró, guardó silencio un instante, y luego, con serenidad, dijo:

—Bueno... ¿te parece vernos la próxima sesión, Erasmo?

—Eso espero, Lucio...

CAPÍTULO V

La herencia invisible: infancia, pérdida y repetición

Habían transcurrido cuatro semanas desde la última sesión cuando Erasmo volvió a aparecer. En ese intervalo no se presentó en el consultorio, aunque tampoco desapareció del todo: llamaba de manera esporádica, sobre todo cuando alguna crisis nerviosa lo desbordaba. En una de esas llamadas, días atrás, había hablado de nuevo de la angustiante sensación de vacío, de lo mal que se sentía, de lo absurdo que le parecía su vida. Después, como tantas otras veces, el silencio.

Lucio pensaba en él precisamente cuando sonó el teléfono. Se preguntaba qué habría sido de Erasmo, cómo estaría atravesando ese proceso incierto que apenas comenzaba. La llamada disipó la duda: Erasmo solicitaba una cita.

Cuando llegó al consultorio, Lucio notó algo distinto. Erasmo se veía sereno. No era la serenidad plena, pero sí una calma aparente que contrastaba con las sesiones anteriores. Incluso sonreía. Esa sonrisa, leve pero sostenida, despertó de inmediato la curiosidad de Lucio.

—Hola, Erasmo. ¿Cómo estamos?

—Hola, Lucio. No tan bien como quisiera. Tú mismo lo has dicho: el dolor en el pecho seguirá ahí por un tiempo. Es menos angustiante que antes, pero continúa. Espero que llegue el día en que no sienta esta presión desagradable que aprisiona mi corazón y lo va adelgazando.

—Bien... cuéntame. Te ausentaste un buen tiempo. ¿Cómo te ha ido?

—Sigo luchando contra estos demonios, una y otra vez. No puedo dejar de intentar entender qué es lo que está pasando. Aunque, si lo piensas, hemos dilucidado bastante en estas pláticas, ¿no crees?

—No necesariamente, Erasmo. Aún falta mucho. Y, para serte franco, puede llevar tiempo. Todo depende de la claridad con la que seas capaz de buscar y reconocer las causas de este malestar que no te permite ser feliz. Sin embargo, es cierto: se ha avanzado mucho en poco tiempo. Pero no depende de mí, sino de ti. ¿Cómo vas?

—He estado pensando en más cosas, Lucio. En mi niñez, por ejemplo. Vivir una infancia tiene grandezas y vicios, satisfacciones y tristezas, olvidos y remembranzas, aceptaciones y negaciones. Creo que necesito reconstruir el pasado para identificar las secuelas que siguen operando en el presente.

—Me parece bien. De hecho, pensaba sugerírtelo. ¿Quieres hablar de ello?

—Hace poco recordé a uno de mis hermanos, el mayor. Lo quería mucho. Nunca me aconsejó ni me obligó a nada; no me dijo cómo debía ser la vida. Él vivía la suya y yo la mía. Lo único que nos unía eran las circunstancias. Durante muchos años pensé que la vida debía vivirse como él la vivía.

Pero también vi en él a alguien que huía de la realidad, que se refugiaba en una sonrisa constante, en un optimismo superficial que restaba importancia a lo verdaderamente importante. Nunca compartía su dolor. Lo vi escapar de los problemas domésticos, aislarse de la violencia que se vivía en casa con mi madre.

Recuerdo una vez que regresaba del trabajo y me lo encontré en la calle. Me dijo:

—¡Corre, están golpeando a tu mamá!

Corrí a la casa. Era verdad. Mi madre discutía con mi padrastro. La actitud de mi hermano me dejó desconcertado: indiferencia o madurez, no lo sé. Él era el mayor... ya no está. Se fue. Le ganó lo absurdo, o quizá la incertidumbre misma de la vida.

—Lo siento, Erasmo. ¿Cómo viviste su pérdida?

—Con sorpresa, pero sabiendo que podía pasar. Cuando me avisaron, lloré desconsoladamente. Después... dejé de sentir.

Lucio asintió.

—Continúa.

—Mi hermano vivía con una liviandad extraña. No se preocupaba, o eso parecía. Le gustaba enamorar mujeres desde muy joven. Recuerdo haberlo sorprendido con una compañera de la escuela cuando apenas tenía once años. La casa era una vecindad: dos cuartos, baño compartido, la vida expuesta al ruido de los otros. Aquella escena me marcó.

Para mí, todo lo suyo era extraordinario. Convertía su vida en un escenario de conquista. Decía que toda relación debía tener una canción. Pedro Infante era su referente: la figura paterna que no tuvimos. La frase "soy más cabrón que bonito" resumía su forma de estar en el mundo: sin apego, sin responsabilidad compartida, lleno de sueños, pero con enormes carencias.

—¿No tenían padre?

—No. Todos fuimos hijos de distintos hombres. Mi madre nunca tuvo una pareja estable.

Mi hermano vivía en un nomadismo laboral constante. Nunca concretó sus sueños. Vivía en ellos. Se casó joven, tuvo hijas, pero siempre estuvo ausente, incluso de sí mismo. Aun así, tenía un humanismo profundo: ayudaba a quien podía.

Se afilió a la Cruz Roja. Atendía accidentes, partos en comunidades marginadas, acompañaba por radio a choferes nocturnos para que no se durmieran. Eso despertó en mí una sensibilidad social que jamás perdí.

—Entonces... ¿qué le pasó?

—Murió. El alcohol se lo fue llevando. La soledad lo devoró. Creo que empezó a morir cuando descubrió a su primera esposa con su mejor amigo. Nunca se recuperó. Bebió hasta perderse. Murió desalineado de sí mismo.

Lucio guardó silencio.

—¿Cómo era tu vida familiar?

—Siempre en vecindades. Mi madre trabajaba en lo que fuera: empleada doméstica, tortillería —donde perdió dos dedos—, bares. La acompañé una vez a uno. Vi cosas que no entendía. Vi cómo la insultaban. Vi cómo la humillaban.

Recuerdo haber ido por dinero a un bar. Escuché gemidos en los cuartos del fondo. Me dio el dinero y me mandó a casa. Esos sonidos se repitieron en mi vida. Con ella. Con mi cuñada. En dos cuartos compartidos.

—¿Crees que eso te marcó?

—Sería absurdo negarlo. El contraste entre la madre idealizada por la cultura y la madre real fue devastador para mi autoestima.

—¿Y tu relación con las mujeres?

—Crecí viendo promiscuidad, abandono, deseo sin contención. Eso me llevó a desconfiar. A mirar a la mujer como objeto y amenaza. La cultura también alimentó eso. La Virgen pura y la mujer deseable. Octavio Paz lo explica bien: una cultura fálica que fragmenta a la mujer.

—¿Entonces el sexo fue un problema?

—No. El problema fue la moral que lo rodea. El deseo reprimido. Quise matar ese deseo en mí. Y cuando mi pareja despertó esos recuerdos, todo colapsó.

—¿Qué crees que te enfermó?

—Antes te pregunto algo, Lucio: ¿qué es estar sano?

—Desde la psique, estar sano es no tener conflicto con lo que se vive.

—Entonces la salud es relativa. Cada cultura define lo que es sano. El conflicto surge cuando el individuo vive en desacuerdo con lo que es, pero también cuando la sociedad condena lo que vive.

—¿Confías en tu esposa?

—Crecí con una idea distorsionada de la mujer. La confianza se rompe cuando los acuerdos cambian. ¿Por qué esperamos que las personas no cambien? ¿Por qué exigimos fidelidad eterna como contrato?

—¿La ves como propiedad?

—Ahí está el problema. El amor no puede regularse como bien patrimonial. En el capitalismo, incluso el amor se vuelve valor de cambio. Si no produces, no vales. Eso erosiona la confianza.

—¿Pero la amas?

—Sí. Creo que debería confiar en ella como ser amado, no como contrato.

Lucio respiró hondo.

—Ha sido una sesión intensa, Erasmo. Detengámonos aquí. Lo importante es que sigas esclareciendo esas dudas. ¿Nos vemos la próxima semana?

—Eso espero, Lucio. Eso espero.

CAPÍTULO VI

La casa vacía: paternidad, miedo y responsabilidad

Cuando Erasmo llegó a su casa, se sentía triste y un poco desilusionado; siempre esperaba mucho de las personas y, en el caso de Lucio, como su terapeuta, no era la excepción. La última vez que se vieron, Erasmo esperaba respuestas más profundas, conforme a lo que él buscaba. Sentía y pensaba que estaba haciendo lo suyo: escribía, reflexionaba sobre su vida, recordaba momentos de su niñez que eran importantes para él; estaba desnudando su cuerpo, llegaba con el corazón en la mano, dispuesto a exponer su intimidad emocional y sexual, tratando de encontrar, en los resquicios de su mente y de su alma, esos espacios llenos de objetos vivenciales que hacen daño al ser humano y que Freud llamó sedimentos. Intentaba encontrar eso que llaman los psicoanalistas la trastienda: el origen de ese conjunto de ideas y emociones que hace que los seres humanos tengamos crisis emocionales, que desgarran el alma, la laceran, recreando un precondicionamiento objetal; éste crea sentimientos de culpa que nos inundan de un pensamiento necrofílico e inhibe nuestro amor a la vida.

Erasmo se sentía de nuevo abatido: llegó a su casa y se sentó en uno de los sillones. Estaba solo; tenía algunos deberes domésticos que atender, entre ellos ir por su hijo, pero se dio un espacio para pensar, para tratar de encontrar el camino...

Quería estar solo porque, hacía algún tiempo, había cometido el error de expresarle a su hijo de ocho años lo que estaba viviendo. En ese tiempo, justo en esa sala, estaba llorando y le decía que tenía que irse, que no podía seguir viviendo así; que, si seguía así, podía morir porque se sentía muy solo e incomprendido, que por eso no se entendía con su mamá... Recuerda cómo su hijo también se puso a llorar y le dijo que no se fuera, que lo quería mucho, pero que también quería mucho a su mamá. Erasmo recuerda cómo ambos se abrazaron y lloraron juntos. Así permanecieron un tiempo: sentados en ese sillón, perdidos en la sala, en una habitación que tanto trabajo les había costado amueblar, en ese departamento que con tantos esfuerzos estaban pagando.

Ahí Erasmo se preguntaba una y otra vez: ¿para qué trabajas?, ¿para qué te empeñas en comprar una casa, un departamento o un terreno donde construyes tu casita, si nunca te empeñas en construir un hogar?, ¿para qué te empeñas en tener un espacio para la familia si ésta nunca se encuentra?, ¿para qué quieres un sofá si nunca lo compartes? En ese momento Erasmo no solo recordaba el abrazo con su hijo, las lágrimas que ambos derramaron, sino toda esa vorágine de recuerdos de la familia impresos en las paredes del apartamento: fotografías, objetos, muebles... ¡Cuántos sentimientos adversos surgen en un momento tan importante de la vida! Erasmo recuerda cómo abrazó a su hijo, lo llenó de besos y le prometió que nunca se iría; que lucharía por encontrar un equilibrio, que trataría de conciliar todo aquello que pudiera separarlos.

Por eso Erasmo se dio ese espacio a solas; jamás le transmitiría de nuevo tantas emociones encontradas a su hijo. Sabía que ese dolor también le marcaría la vida para siempre, sobre todo cuando ve la posibilidad de la separación de dos de los seres a quienes más ama: su mamá y su papá. Sabía, por experiencia personal, que esa angustia se prolonga tantas veces como se vea reflejada en el semblante de los padres: en sus discusiones y gritos, en sus descalificaciones o en sus amenazas... Nada más doloroso en la vida de un ser humano que la angustia que se vive en la incertidumbre; más aún cuando es tu familia: algo que no sabes qué va a pasar.

Erasmo también recordó, sentado en ese sofá, todo lo vivido; incluso evocó cómo una tarde, regresando del trabajo y de la escuela de su hijo, al abrir la puerta encontró el apartamento con los cajones de los muebles fuera de su lugar, todo revuelto, con objetos esparcidos por el suelo, la ropa tirada; la televisión, los juguetes y juegos de su hijo; el dinero que tenían ahorrado para pagar el departamento; la computadora; todo aquello que tenía valor... ¡ya no estaba!...

Habían entrado a su hogar y les robaron todo. También ese día, junto con su hijo, derramaron lágrimas de tristeza y de coraje. Son circunstancias en las que se había sentido muy solo, pues no había nadie más... ¡No en ese momento!, en el que la impotencia, el coraje y la tristeza se apoderan de tu mente y de tu corazón; donde te sientes huérfano de justicia; donde sabes que eres vulnerable y no tienes la certeza de la vida; donde a nadie le importa lo que a ti te pasa o lo que puede pasarle a tu familia; donde repudias el lugar, la zona o el país donde vives; donde sabes que no habrá alguien en quien solazarte, sino en la familia.

En ese instante, Erasmo evocó una y otra vez los momentos que lo habían hecho sentirse solo; rememoraba las circunstancias que sabía le estaban causando daño; recordaba siempre ese ceño de reprobación de su esposa, esa indiferencia que lo mataba. Recordaba cuando tuvo el accidente en su auto y cómo ella, indiferente y enojada, le contestó por teléfono:

—¡Estoy cansada!, ¡acabo de llegar!, ¿cómo llegó al lugar del accidente?, ¿es necesario que vaya?—.

Indistinta, fría. Cuando llegó, solo lo miró de reojo: sin un abrazo, sin preguntar cómo estaba.

En otra ocasión, ella lo acompañó al hospital, ya que se había sentido mal y se le había subido la presión arterial; recuerda cómo lo dejaron internado para tenerlo en observación, ya que tenía taquicardias y estaba muy alterado. Ahí le hicieron un electrocardiograma y unos estudios de enzimas cardiovasculares. Todavía el doctor de turno le dijo que no tenía nada, que solo estaba ocupando un lugar que podía ser importante para otra persona; que debía agarrar su ropa e irse a su casa... Retenía en su mente ese espacio frío del hospital y cómo algunas camas adyacentes estaban desoladas; recordaba a una enfermera que iba y venía, tomaba signos, repartía medicamentos a algunos pacientes, y volvía la soledad. En ese momento, también Erasmo se preguntaba: ¿dónde estaba la humanidad de las personas?, ¿a dónde te acercabas?, ¿con quién podías estar?, ¿a quién le importabas?, si no era con la familia, ¿con quién podías estar?

Erasmo seguía sentado en aquel sillón, rememorando, reconstruyendo esa historia personal... Pero entonces se preguntaba: ¿para qué servía un psicólogo, si todo lo tenía que resolver uno solo? Era absurdo pagarle a alguien que solo te escucha y te hace preguntas. No te da respuestas; y Erasmo quería respuestas, aprobación o reprobación de sus acciones o de las constantes personas involucradas. Necesitaba que su terapeuta le diera conclusiones de lo que, hasta el momento, llevaban como terapia.

Por eso Erasmo estaba enojado: porque vio a su terapeuta un poco indiferente, frío, distante; incluso adormilado y cansado.

Erasmo se levantó del sofá, caminó hacia la habitación, tomó las llaves del auto y salió...

Iba por su hijo.

CAPÍTULO VII

¿Quién es Erasmo? Identidad, control y autoexigencia

Cuando Erasmo volvió con Lucio, iba ya un poco tranquilo; estaba ansioso por platicar, por empezar la terapia y poner algunas cosas en claro. A esas alturas, Erasmo tenía varios pensamientos aparentemente imparciales y los quería compartir; lo que no esperaba de Lucio era el tipo de preguntas que le iba a hacer.

Cuando llegó, se sentaron los dos. Erasmo permaneció un largo rato en silencio. Estaba intentando organizar sus ideas para empezar a hablar cuando, estando a punto de hacerlo, Lucio le dio la siguiente reflexión:

—Bueno, hemos visto algunas conductas, formas de ser y situaciones que incluyen a tu esposa, a tu hijo, a tu mamá, a tu hermano y a alguna otra persona que se asocia a tu vida; incluso los que no están, pero que indudablemente tienen un gran peso en la misma, pero... ¿quién es Erasmo?, ¿te has preguntado eso?

Erasmo se quedó pensando; de hecho, no había contemplado esa pregunta. Una que otra ocasión había intentado preguntarse qué quería, hacia dónde quería ir, pero nunca se había preguntado quién era él. Incluso su amigo Horacio le había regalado un libro donde se sobreentendía que él era una persona que buscaba tener control de todo. Pero hasta ese momento no había hecho una introspección de tal naturaleza o, al menos, no había profundizado en ella.

Erasmo se puso a pensar; su mirada se entrecruzaba una que otra vez con la de Lucio; se llevó la mano al mentón, lo frotó y esperó a que le llegaran las ideas. Lucio respetó su silencio y esperó paciente. En ese momento, Erasmo dijo:

—Bueno, me has tomado un poco desprevenido, Lucio. No es que no haya pensado ciertas cosas sobre mí; solo que en este momento me cuesta trabajo empezar.

—Tómate tu tiempo, Erasmo. Pero ambos sabemos lo importante que es plantear las incompatibilidades o ver los errores de los otros; es más sencillo que ver los nuestros.

—Indudablemente, Lucio. Mira, ya te había comentado que yo era muy inseguro en mi personalidad, pulsional en mi expresión sexual y emocional, en la identidad y expresión de mis ideas. Por toda esa inseguridad surgían en mí procederes adversos que recreaban insatisfacción personal, impotencia y coraje, entre otros sentimientos.

—¿Cómo definirías tu personalidad?

—En construcción; en una continua superación personal, donde he buscado la auto perfección en cada una de las actividades que hago. No me preguntes en qué momento surgió esa inquietud, pero retomando este punto, a lo largo de mi vida he tenido muchos fracasos personales; uno de ellos es el no haber culminado mis estudios universitarios y el no ser una autoridad intelectual en las relaciones interpersonales. Eso indudablemente me llevó a exigirle a las personas que lo tenían que fueran eficientes en lo que debían hacer, entre ellas a mi esposa. Es decir, todo lo que no había logrado se lo exigía a las demás personas; mi frustración se la proyectaba a toda aquella persona que se mostraba altanera conmigo, que me hacía ver su grado académico o supuesta sabiduría. Para mí todo era confrontación y debate. A todo aquel que estuviese bajo mi tutelaje o fuese mi familia le decía y le exigía cómo debía ser y cómo hacer las cosas; me volví severo, seco, indiferente con todo aquel que mostrara una supuesta ignorancia o pusilanimidad; incluso te diría que grosero y altanero.

—¿No crees que eso te llevó a tener problemas con los que te rodean?

—Definitivamente... Me cuesta trabajo aceptarlo, pero así es. Por ejemplo, recordando ciertas situaciones que dieron lugar a muchos tipos de comportamientos que han llegado a ser compulsivos —te lo digo porque hasta investigué el término—, es como se han transferido a todas las esferas de mi vida; incluso podría decirte que hasta a mi propia intimidad, pues hacer el amor implicaba hacerlo con cierto arte, con cierta técnica. Todo se volvió de esta forma: así aprendí a escribir, a conducir, a leer, a trabajar, a barrer, a tender una cama o a lavar trastos, etcétera; incluso hasta cuando te divertías en una fiesta le exigía a mi pareja perfeccionarse en el baile; todo implicaba para mí perfectibilidad. Pero cuando alguien, teniendo la capacidad, el conocimiento y la preparación, no lo hacía, entonces se lo exigía y le denotaba mi coraje y desprecio. Por ello, muchas personas, incluso mi familia, mostraban coraje, impotencia y después una clara rebeldía... ¡Sí! Fíjate que sí, nunca lo había pensado. De hecho, eso es parte de un control que siempre quería tener sobre las personas, más aún sobre mi esposa.

—¿Cómo te sentías con esa actitud de rebeldía y coraje que mostraban las personas hacia ti?

—Mal; me desestabilizaba mucho, me lastimaba, pero era obsesivo y hacía caso omiso a sus actitudes. Sin embargo, y a pesar de mi ego, llegó un momento en que era un ser humano a quien despreciaban por su altanería, orgullo y soberbia. Me volví más huraño que de costumbre y más exigente. Yo creo que eso ocasionó que muchas personas también me evitaran o me mintieran; me dolía mucho que me mintieran. De hecho, eso es lo que más me duele: que me mientan. Sin embargo, parece ser un patrón conductual hacia mi persona, pues implica que los vea con seriedad y severidad.

—¿Cuál es la identidad que Erasmo busca o ha buscado?

—Siempre busqué la de ser una persona culta e ilustre, noble y consecuente; distinguida, honorable, recta, firme y con un alto nivel de moralidad.

—¿Lo has logrado?

—Yo creo que no. He logrado algunas cosas, pero otras tantas me han faltado tenerlas o cultivarlas. Sobre todo, las morales, pues en innumerables ocasiones me he equivocado y muchas veces he sentido sentimientos de culpa por haber hecho tal o cual acto. Sin embargo, algo que siempre he hecho es aceptar la responsabilidad de dichos actos, evitando seguir mintiendo a las personas que amo o con las que convivo.

—¿No importa qué tan grave sea la acción, Erasmo?

—¡No importa!

—Pero ¿no crees que, al hablar con la verdad a las personas, también las lastimabas?

—¡Por supuesto!... Pero también entendí que, al mentir, me mentía a mí; era no reconocer lo que yo era y a lo que me estaba exponiendo; era lastimar en un futuro más a mi pareja o a las personas que me rodean. Por eso siempre traté de platicar todo lo que he hecho en mi vida, sobre todo a las personas con las que pernoctaba y, más aún, con las que iba a convivir durante años, tales como mi esposa. Puedo decirte que eso te libera, te quita ese pedazo de loza que andas cargando toda tu vida. Siempre he preferido destrozarla con la verdad, porque eso te permite vivir bien contigo mismo y con los demás; si la gente te acepta, sabe quién eres y no quién aparentas ser. Eso siempre te lo van a agradecer las personas, no importa con quién estés, porque quien esté contigo será porque sabe quién eres y te acepta como tal.

—Estoy de acuerdo contigo, Erasmo, aunque necesitamos discutirlo. ¡Bien! El buscar este tipo de identidad, ¿te creó también problemas?

—Yo creo que sí, porque el hecho de aspirarla también me identificaba como tal.

—Erasmo, ¿por qué tenías tanta inseguridad en ti?

—Tal vez porque en mi niñez nunca fui partícipe de una familia nuclear; la inseguridad que tenía era con todo mi ser, desde cómo me comportaba hasta la forma en que vestía. En términos generales, la seguridad es una cuestión de respaldo, cariño, amor y también de economía. Indudablemente existían esas carencias o, al menos, no eran muy claras. Pero en términos sociológicos, la actitud de la persona es un rol; el papel que jugaba cuando era pequeño nunca fue explícito. Existían demasiadas personas que dirimían mi futuro; todo mundo sabía tu futuro, menos tú. Después entendí que la seguridad va acompañada de un acto de supervivencia emocional, y ésta siempre estaba al vaivén de las demás personas. Por eso, uno de los principios básicos que me empecé a forjar desde entonces era siempre una construcción ética, respaldada por la evolución de un pensamiento científico y de una autonomía económica, social y cultural. Desde que fui adolescente empecé a leer literatura y filosofía humanista e intenté siempre buscar la verdad, la felicidad y el amor; sin embargo, topé con pared.

—¿Realmente siempre has tenido todas esas virtudes implícitas en tu actuar?

—¡Por supuesto que no, Lucio!... Creo que ese fue uno de los problemas que más me ha generado sentimientos de culpa con las personas que me han rodeado. Muchas veces cometía errores y llegaba a casa con un sentimiento de derrota y frustración muy grande, que hacía que me sintiera timorato y hasta como un escarabajo kafkiano. Sin embargo, eso no significa que no siguiera en una constante búsqueda para ser mejor, pero evito la vanidad de tener una actitud pusilánime y mostrarme ante las personas como un ser que no se equivoca, que no yerra en su toma de decisiones, que no fracasa, que no sufre o que ignora muchas cosas. Cada que está en mis manos, a las personas les expreso lo que pienso y lo que siento. No tengo miedo a la vergüenza o incluso a la pusilanimidad. Temo más a la autocensura moral, pues ésta es devastadora. Mientras que a Cristo lo crucificaron por la censura moral.

—¿Cómo se siente Erasmo con los logros que hasta este momento ha tenido?

—Todavía insatisfecho, e indudablemente el malestar de mi cuerpo lo manifiesta; indica que no está todo bien. Los años me han ganado; hasta cierto punto me han derrotado, pero considero que ha sido de suma importancia vivir y tener la experiencia que tengo. Esto es lo que en este momento estoy observando y lo que, de alguna forma, me estás permitiendo entender: que muchas veces los logros siempre los asociamos al bienestar material o profesional y nunca al bienestar físico y emocional.

Indudablemente, el estar vivo, tener salud y el logro en las relaciones humanas es un bien que, por excelencia, es el que mayor bienestar produce al hombre. Pues somos seres sociales, como bien decía el buen Aristóteles, y por naturaleza tendemos a vivir comunitariamente. Sin embargo, en esa ambivalencia humana, también es necesario un espacio de soledad para el reencuentro de nosotros mismos.

—¿Has tenido miedo de perder a tus seres queridos?

—Sí, muchas veces he sentido ese miedo; yo creo que es lo que más nos aterra a todos los seres humanos: perder el sentido de pertenencia e identidad con quien has compartido toda una vida, saber que ya no cuentas con ella, saber que la persona que amas ya no va a estar contigo. Es, sin duda, una experiencia terrorista.

—¿Crees que tu actitud puede hacer que se separen de ti las personas a las que amas?

—Definitivamente. No te lo dicen, pero algún día, simple y llanamente, ya no están contigo; no importan las circunstancias. Aunque las busques, aunque trates de retenerlas, cuando los ritos del amor se pierden entre dos o más seres por la ausencia de éstos, se pierde toda relación, toda paciencia, toda ilusión o esperanza; ejemplos de ello hay muchos.

—¡Entonces!

—Entonces... ¿qué?

—¿Qué vas a hacer?

—Seguir encontrando lo que me hace sentir mal y aquello que hace que lastime a mis seres queridos. Pues, según esto, parece que uno mismo recrea este conjunto de incompatibilidades que nos ofenden. Sin embargo, ¿cómo haces para encontrar el equilibrio?, ¿cómo te percatas de lo que está bien y de lo que está mal?

—Es una buena pregunta, Erasmo. Las teorías psicológicas buscan el bienestar de la psique, buscan el equilibrio, la ecuanimidad, la felicidad de las personas. Pero el cómo, yo creo que es una labor de cada quien, pues todos somos distintos y a cada cual le es importante algo diferente a los demás. Hay ocasiones en que las personas coinciden en esa búsqueda de fines y logran una simbiosis envidiable; se compenetran tanto que hacen que la vida sea una verdadera experiencia orgásmica. ¿Pero cuántos te gusta que lo logren?

—Yo creo que pocos. Sin embargo, pienso que hace falta tener conocimiento de lo que vivimos, saber dónde vivimos y cómo vivimos, saber de qué adolecemos y a qué aspiramos. En la medida en que seamos conscientes de lo que somos, podremos ver al futuro y saber hacia dónde vamos. A pesar de todo, hoy me doy cuenta de que la vida es un efecto boomerang: todo lo que hagamos se revertirá en ti con la misma fuerza y proporción en que lo lancemos. ¿No crees?

—¿Cuál sería entonces tu problema, Erasmo?, ¿lo has identificado?

—Viéndolo en esta perspectiva, parece que no es un problema, Lucio: son muchos; incluso los podría enumerar. Lo interesante de esto es que tiene todo que ver con la forma en que lo veas o lo percibas; depende mucho de la construcción de tu pensamiento y de la forma en que seas capaz de enfrentarlo.

—¿A qué te refieres?

—A la concepción del mundo que cada persona tiene: a sus esquemas, a su idiosincrasia, sus creencias ideológicas o concepciones. Es como decíamos: si eres cristiano tu concepto del amor será distinto al de un musulmán, y éste al de un protestante o al de un judío. Son las ideas o las representaciones ideológicas lo que determina nuestras crisis existenciales. Eso es lo que hace que los seres humanos peleemos tanto. Sin embargo, ¿por qué necesariamente los seres humanos tienen que ser adeptos a una concepción religiosa, política, social, filosófica o cultural?, ¿por qué el hombre no es libre por naturaleza?, ¿me entiendes?

—Parece que sí, pero sígueme diciendo.

—Cuando llegué contigo, yo tenía una concepción de lo que es el amor, la sexualidad, la relación de pareja, la soledad, la libertad, la amistad, etcétera, completamente distinta de lo que hoy concibo. No te oculto que durante este tiempo y en el pasado he leído algunos autores y también ha cambiado la percepción que tengo incluso de mí, de ti, de mi esposa o de cualquier persona con la que estoy. Pero indudablemente siempre emerge esa idiosincrasia cargada de ideologías políticas, sociales y culturales que imbuyen nuestra conciencia, nuestro espíritu, y que hace que nos volvamos necios, obtusos, pusilánimes; siempre defendiendo nuestra cultura de origen. Por ejemplo, recuerdo muy bien una anécdota que me hizo pensar mucho, en una terapia de pareja, que me parece cita David Cooper en *La muerte de la familia.* ¿Me permites referírtela?

—¡Claro!

—Se supone que, estando una pareja en terapia por problemas conyugales, y habiendo ya pasado un año de esta, le pregunta la paciente, un poco desesperada de la situación, a su psicólogo: "—¡Qué!, ¿cuándo nos va a dar de alta?"—. A lo que el terapeuta contestó: "—No puedo darlos de alta, pues resulta que cuando ustedes asistieron a consulta en esta habitación, llegaron con toda la familia de origen: sus abuelos, papás, hermanos, primos, etcétera. Poco a poco, durante todo este año, se fueron saliendo del consultorio, uno a uno. Pero bueno, ya que lo pregunta, déjeme decirle que apenas vamos a empezar la terapia de pareja, pues ya estamos quienes debemos estar"—. Bueno, quiero pensar que la pareja se quedó pasmada. Con eso quiero referirte que estamos imbuidos de la personalidad de los otros; que buscar una identidad implica encontrarse consigo mismo, y en ese camino creo que tenemos que ir sacando de nuestra vida a muchas personas que no están interesadas en nosotros. ¿No lo crees?

—¿Eso qué implica para ti, Erasmo?

Erasmo se quedó un poco confundido con la respuesta de Lucio, pero trató de tranquilizarse y le contestó:

—Bueno, déjame pensarlo bien y te lo platico la próxima vez que nos veamos. ¿Está bien?

—Me parece bien. Hasta la próxima, entonces.

CAPÍTULO VIII

El diálogo como ruptura: cultura, poder y comunicación

En esta ocasión, Erasmo volvió a faltar a la cita. Lucio no lo presionó; dejó que el tiempo hiciera lo suyo. Sabía de antemano que Erasmo necesitaba espacio para resolver sus problemas y encauzar su sentir. Si algo le hubiese pasado, indudablemente le habría hablado.

La última vez que Erasmo fue a consulta iba con la firme intención de decirle a Lucio que era la última vez que iba, que ya no le interesaba continuar con ese juego de preguntas y respuestas. Sin embargo, el conjunto de cuestionamientos que le hizo Lucio en la última sesión le hicieron pensar otras tantas consideraciones, por lo que se dio un tiempo para dilucidar esos puntos.

Así que, después de tres semanas, Erasmo volvió a concertar una cita. Cuando llegó a la casa, Lucio lo esperaba con su habitual sonrisa. En esta ocasión, él abrió la puerta; entraron juntos al consultorio, se sentaron y empezaron a dialogar.

—¿Cómo estamos, Erasmo?

—¡Mucho mejor! ...

—Eso me da gusto. ¿Qué has pensado?, ¿cómo va ese dolor de pecho?, ¿la migraña?

—Bien, poco a poco va siendo menos molesto, aunque sigue ahí.

—Qué bueno.

—He estado pensando varias cosas. Todavía no he tenido avances importantes en la relación con mi pareja, pero han sido bastante fructíferos.

—¿Qué has pensado?

—Bueno, hay una compañera del trabajo con quien he platicado mucho. Esta relación me ha permitido entender varios aspectos de la dependencia que tengo con mi esposa, del amor, de la libertad y de la vida en general que llevo.

—¿Qué pasa con ella?

—En realidad, no es de ella de quien quiero platicarte; es sobre la forma en que he concebido mis relaciones humanas con todas las personas que me han rodeado... Cuando llegué por primera vez contigo, mi corazón estaba roto y en los límites de una depresión psicológica. Estaba muy abatido y triste; incluso la idea de morir estuvo durante mucho tiempo rondando por mi cabeza. Supongo que es normal en un paciente con depresión.

—Aparentemente es normal; sin embargo, hay muchas manifestaciones de la misma y tiene niveles de profundidad.

—Bueno, el caso es que así estaba y así es como me conociste. Hoy, a pesar de todo, veo la vida diferente y, si bien es cierto que no he salido de este conflicto emocional, también es cierto el dicho popular: "no hay mal que por bien no venga". Creo que uno de los problemas a los cuales uno se enfrenta en la vida es a la certidumbre: la falsa creencia en supuestos ideológicos que hacen que nuestra vida sea seguir patrones preestablecidos por una cultura a la cual pertenecemos, con la cual nos sentimos cómodos y que creemos que nunca va a cambiar.

—No te entiendo, Erasmo. ¿A qué te refieres?

—Lo que me he dado cuenta es que para poder evolucionar hacia otro estadio emocional es necesario romper la percepción cultural que se tenía de la educación que recibiste con tus padres y de la cultura social en la que creciste. Es volver a nacer: una vez que pasas por una depresión, dejas de ser lo que eras para convertirte en alguien mejor. Debe ser así. ¿No?

—¿Pero es necesario pasar por una

depresión para llegar a ser diferente?

—Yo creo que no, Lucio. De eso se trata esto que he estado pensando. Tú me preguntaste en cierto momento quién era Erasmo, ¿recuerdas? Bueno, Erasmo era alguien que quería vivir con los viejos esquemas culturales con los que creció; cuando conocí a mi esposa, muchos de esos esquemas se colapsaron y yo me resistí a ellos, como mi propia compañera hizo con los suyos. De acuerdo con David Cooper, cuando dos seres humanos se encuentran y deciden vivir juntos, dos culturas chocan, dos formas de concebir el mundo y la vida; dos paradigmas que fueron educados de diferente forma tienden a luchar para prevalecer en un estado de supervivencia. El conflicto es inevitable, pero el problema surge cuando se atomizan; es decir, cuando cada cual decide vivir con sus propios esquemas y decide no aprender uno del otro. Esta es la primera etapa del conflicto y te diría que es la más importante; porque ese es el momento en que cada cual decide vivir para sí mismo y no para los dos. Es la etapa de la no discusión, de la miel, cuando cada cual decide vivir en sus mundos pernoctando juntos, donde los canales de comunicación son nulos y te das cuenta de que la habilidad de escuchar nunca la asimilaste.

—Me parece precisa tu interpretación. Continúa...

—Ahora, cada cual tiene una forma específica de concebir los valores que están implícitos en muchas acciones pragmáticas de la vida cotidiana. Es decir, en hacer lo que cotidianamente estás acostumbrado a hacer y evitar cualquier cambio de esta. También, cada uno tiene una forma específica de ver las relaciones económicas y la forma en que se administrarán los bienes; y cada uno tiene una concepción distinta de la misma: no existe un proyecto de pareja. Las tensiones que se generan en esa estira y afloja de las decisiones son relaciones de poder que se administran desde el inicio, en función de esa lucha por el liderazgo que está implícita en la educación que deviene de los padres hacia los hijos, pues no hay padre que no te diga que el poder y el control siempre los deberás tener tú. Nunca te enseñan a compartir el poder, a cómo imponerlo o aceptarlo. Ante esta situación debemos aceptar que la relación de pareja son relaciones de poder, donde cada uno tiene la capacidad de decisión y la gran responsabilidad del poder que se ejerce es para todos los miembros de una familia, ya que al final el ejercicio del poder es responsabilidad tanto de quien gobierna como del que es gobernado. ¿No lo crees, Lucio?

—Estoy de acuerdo.

—Por ello, la administración del poder también es cultural, ya que depende en mucho de cómo te hayan enseñado a ser y cómo se ha desarrollado tu carácter para dicho fin. Pero la madurez viene acompañada de la experiencia y del conocimiento, de tal forma que las personas que deciden compartir un espacio sobreentenderán que, al ser un espacio común, es un espacio que requiere consensos y acuerdos, de tal forma que no se vulneren, siempre en función del grupo social o familiar. Es común en una familia pelear por absurdos, como plantea Albert Camus; el problema de los absurdos es que están imbuidos, en muchos de los casos, de actos inconscientes, de esquemas que han durado más de un tercio de la vida. Es luchar contra un hábito, bueno o malo, que se ha construido durante años; por eso existen peleas tan abigarradas de la pareja, ya que todo el tiempo peleas hábitos, formas, usos, tradiciones y costumbres.

—Tienes razón, Erasmo. Es común que las parejas se peleen por la forma en que comen, en que caminan, por cómo hablan o duermen; por si ven tal o cual programa de televisión; por la forma en que se debe educar o no a un hijo; por si se le debe comprar o no un dulce a un niño; por si se le debe regañar; por cómo educarlo, etcétera, etcétera.

—Siguiendo esta plática, déjame expresarte que hubo momentos en que me preguntaba si valía la pena platicar con mi esposa o con otras personas. En realidad, esa duda se disipó por completo después. Indudablemente, la única forma de transformar una relación humana es haciendo uso de la capacidad de diálogo, y esta capacidad debe estar en comunión con la capacidad de pensar, de reflexionar los pensamientos y los actos que cada cual tenemos.

Indudablemente, este proceso es de los más complicados, pues el mismo sistema social en que nos desenvolvemos está incapacitado para dicho fin. Por eso me preguntaba: ¿cuántas veces lo debemos intentar?, y me contesto: ¡las veces que sean necesarias!

—¿Esto a qué te llevaría, Erasmo?

—A tratar de entender las relaciones humanas, no tan solo con mi pareja, sino con mi hijo y con las demás personas que me rodean. Considero que el ser humano no debe perderse en esa absurda relación pulsional donde todo es explosión, dudas, lucha y descalificación. Creo que he estado perdiendo mucho el tiempo en discusiones insustanciales, donde lo único que importaba es lo que creía y no lo que en verdad es importante para todos. ¡Mira!, durante muchos años siempre traté de tener claro hacia dónde tiene que ir el ser humano, qué es lo que debe guiarlo en esta vida. Me he dado cuenta de que en el mundo y en la cultura en que nos desenvolvemos existen infinidad de creencias que hacen que, como ser humano, no te sientas extraviado; sin embargo, también he observado que muchos de estos seres humanos someten su voluntad a esas creencias y dejan de ser libres, y todo lo justifican en función de sus creencias. Entiendo que nuestra mente está imbuida de ideas, conceptos y, en el mejor de los casos, de categorías, teorías o leyes; sin embargo, la esencia del ser humano es el conocimiento, la búsqueda del mismo a través del pensamiento.

—Erasmo, ¿qué tendría que ver tu pensamiento con tus problemas?

—Mucho, Lucio, porque como ser humano preconcibo mi verdad en función de mi creencia o de mi conocimiento y no me permito percibir la lógica de la otra persona, su forma de pensar o de ser. Es algo que debemos aprender. Es claro que cuando alguien no está de acuerdo contigo es porque la lógica de tu pensamiento entra en contradicción con la lógica de su pensamiento. Eso nos llevaría a que la comunicación es lo más importante para la relación humana.

—No te entiendo; sé más explícito y trata de integrarlo a tu problema.

—Dice el dicho popular: "cada cabeza es un mundo"; yo creo que lo hemos olvidado. Esto significa que cada mente, cada persona, es una estructura lógica de pensamiento, una forma específica de ver el mundo. La comunicación entre dos o más individuos es a través del diálogo y éste, en su etimología, es el intercambio de conocimiento de dos o más seres humanos. ¿Por qué diálogo? Me permití incluso investigarlo, ¿me permites?

—¡Claro!

—Viene del latín *dialŏgus*, que significa «conversare, discorrere», y *logos*, que significa: "discorso", "razonamiento", "argumentación", "habla". Es decir, es la capacidad que tenemos los seres humanos para intercambiar nuestras formas de pensar.

—¿Entonces?

—Que, durante muchos años, peleé con mi esposa y con otras personas sin tratar de entender su pensamiento; es decir, nunca he dialogado con ellas, siempre he querido imponer mi forma de pensar. Sin embargo, también he notado que en nuestra idiosincrasia existe una absurda actitud pulsional, llena de mecanismos de defensa que no permiten abrir nuestro pensamiento; más al contrario, nos sentimos vulnerables y expuestos. Tan es así que cuando a alguien le preguntas qué piensa, te contesta: —¡Yo siento que...! —. No te dice: —¡Yo pienso! —; siempre está la pulsión por encima de la razón; es decir, predomina lo que sientes sobre lo que piensas.

—¿Qué pasó con tu sexualidad, Erasmo?, ¿pasa lo mismo?, ¿es también un diálogo?

—Yo creo que es un diálogo de los cuerpos, de la piel; es un intenso intercambio bioquímico de feromonas; pero la pregunta no sería si es un diálogo, más bien si es o no una comunicación. O tal vez es como lo describe Manuel Bandeira: "Las almas son incomunicables. Deja a tu cuerpo entenderse con otro cuerpo". ¿No?

—Pero cuando percibes que tu cuerpo ha dejado de comunicarse con otro, ¿cómo lo solucionas? Porque el problema es ése. ¿O no, Erasmo?

—Estoy de acuerdo contigo. Estaba siendo muy optimista en este discurso. A lo que me refiero es que la sexualidad es directamente proporcional a la comunicación emocional y racional. Observo que cuando una pareja tiende a establecer lazos emocionales, la sexualidad es tan solo una consecuencia de esta; y eso es lo que yo estaba confundiendo: veía a la sexualidad como un protocolo hacia las relaciones emocionales y es, al contrario; y aunque parecía algo evidente, no lo veía. Es decir: "si conquistas el corazón de una mujer, su sexualidad es una garantía explícita de entrega sin recato"; igual pasa con el hombre.

—Es muy cierto, Erasmo. Entonces, ¿crees que el problema que tanto mal te ha hecho sea, entonces, la falta de comunicación con tu pareja?

—No, eso es lo que yo creía; ahora lo que

veo es que los problemas de pareja son multifactoriales, son varios aspectos que la desestabilizan. Mira, aquí traje mis apuntes, te los voy a leer. ¿Está bien?

—Adelante, Erasmo.

—Por ejemplo: yo he identificado al menos diez factores que me han generado problemas y que me ha costado reconocer y erradicar de mi vida:

I. La represión de la sexualidad que está a flor de piel y la mojigatería de una moral convencional que es hasta decadente; es decir, el falso pudor inmaculado que tienes tú o tu pareja para expresar y manifestar libremente tus deseos y fantasías sexuales o emocionales.

II. La ruptura del amor y de los ritos que se habían establecido a lo largo de tu relación de pareja; entre estos ritos está el cuidado mutuo del bienestar físico, psicológico y emocional. A todo aquello que hace que una pareja no sea tan solo la amante o el amante, sino la compañera o el compañero, la amiga o el amigo. Es decir, aquellos momentos que hacen que la vida sea una experiencia inolvidable: desde brindar una taza de café, una buena comida, cuidarse cuando se está enfermo, ayudarse con las labores de cada día, dar el beso de despedida cada que sales de casa o al llegar a ella, abrir la puerta de un vehículo para que suba tu pareja, etcétera. Es todo aquello que le da sentido al estar con alguien y compartir con ese alguien esos pequeños detalles que nacen de tu corazón y que brindan atención, seguridad, confianza, calor, etcétera.

III. El declive y la lucha de la economía individual y familiar, así como del bienestar común de la pareja. Dejarse desgastar por las necesidades económicas y no dar lugar al bienestar y equilibrio humano. El exigir más allá del bienestar de todos y de cada uno de los integrantes de la familia. Sobre todo, cuando van mal las cosas en cuestiones de dinero, reclamando la falta de trabajo o la dedicación a algo; ocupando cada espacio que se tiene para echar en cara la pobreza o la miseria en que se vive. Es uno de los supuestos más absurdos, pues desgasta las relaciones emocionales. La economía de un hogar es una responsabilidad compartida; depende de cada integrante ser un activo o un pasivo en capital humano. Es aprender a ver a la familia también como una empresa económica y social, donde los dividendos, déficits y superávits sean parte consustancial acorde a una economía de mercado; donde las ganancias sean parte del crecimiento del bienestar familiar.

IV. La crisis del rol social y la capacidad que se tiene para cumplirlo; dentro de ello, el no respetar acuerdos y desarrollar el concepto de autogestión. Es decir, no es necesario que te digan lo que debes hacer o no hacer en casa, sobre todo cuando toda tu vida vives con alguien; la finalidad es sobrevivir y eso implica apoyarse hombro con hombro en todas las labores domésticas, laborales, académicas o de cualquier otra índole. Cabe hacer mención que la autogestión es parte consustancial de una codependencia social.

V. La mala administración del ejercicio del poder en la relación genera un estado de prepotencia en la autoridad que se detente y en la toma de decisiones que tenga que ver con el bienestar de la familia. Muchas veces la falta de comunicación degenera en un estado de confrontación perenne y eso ocasiona gritos, golpes y malentendidos. Es decir, siempre que tratamos algún problema, siempre hay alguien con poder para imponer lo que piensa, y no se preocupa por el pensar de los demás.

Ahí es cuando he visto la necesidad de la comunicación y no de la imposición. Las relaciones de poder, dependiendo la circunstancia, deben estar supeditadas en algunos casos a la coerción y en otros a la persuasión. El concepto de evolución en el hombre es ese puente que se establece en los canales de comunicación y en el uso de la razón.

VI. La falta de perspectiva comunicativa en la construcción del núcleo familiar y la injerencia e intromisión de la familia extensa (suegros, abuelos, cuñados, etcétera) o de otras personas en las decisiones de pareja o en la educación de los hijos. Muchas veces manejamos las palabras y los actos con obviedad; eso es absurdo. Yo recuerdo, en diferentes momentos de la vida, cómo, a falta de entendimiento, imponías la fuerza y no te preocupabas por la comunicación o por hacer entender una idea. También observaba que cuando había problemas en la familia, siempre las personas que están a tu lado también se entrometen, y eso implica un desgaste emocional y psicológico. Por ejemplo, los niños cometen algún error y entonces todo mundo arremete contra el niño. La verdad es que, si alguien le está llamando la atención, los demás nos debemos quedar callados; ya no es necesaria la intervención de los demás. No tenemos que comportarnos como jaurías.

VII. Ver y considerar a la pareja o los hijos como propiedad privada; es así como el manejo de los sentimientos de apego y los chantajes morales y emocionales surgen. Es muy importante aprender a respetar la identidad de tu pareja o la de tus hijos. Cada cual debe decidir cómo construir su vida, siempre y cuando no exista dependencia económica, social o cultural y se respete el proyecto de familia. Lo que sí debemos aceptar es que todos somos compañeros de viaje y eso nos hace familia, porque todos debemos cuidarnos y protegernos; pero debemos aceptar también que no siempre las personas estarán a nuestro lado, que cada cual tomará caminos distintos, incluso en la relación de pareja. Se es pareja mientras se decida caminar juntos, apoyándose; pero una vez que el apoyo o los ritos de convivencia se pierden, la pareja deja de ser tal y no tendría caso seguir siendo familia. Eso no implica la ruptura al primer conflicto que se tenga, pues es denotable que hoy en la modernidad eso pasa; se debe tener la capacidad de diálogo y perseverancia en el cambio y en la transformación de nuestra personalidad.

VIII. La necesidad de aculturar, politizar con ciertas ideologías o predicar ciertas religiones a tu pareja y condicionarla a ser como tú. Es bien sabido que al estar en familia siempre se condiciona a sus integrantes a ser como todos; no se permite la libertad de elegir y de ser; siempre impones tus creencias y tu pensamiento. Así sean religiosos, políticos, culturales, sociales, etcétera, de una u otra forma se precondiciona la razón de ser de cada integrante. La realidad es que todos somos distintos y debemos aprender a cultivar el libre albedrío y la libertad de pensamiento. Lo único que no debemos olvidar es el acto de supervivencia como familia.

IX. La prohibición del estado de libertad de quien viva a tu lado, sea para estudiar, trabajar o realizar actividades que le son inherentes a su razón de ser; normalmente ves a las personas con quienes te relacionas y más con las que convives como objetos de tu propiedad; piensas que puedes manipularlas y te olvidas de que son seres pensantes, con uso de razón y en plena facultad de hacer uso del ejercicio de su libertad. De tal forma que es importante que dejes ejercer el libre albedrío en la pareja o con quien vivas, porque al final cada persona labra y construye su futuro. Y así debe ser: la libertad es uno de los bienes más preciados del hombre y ésta también se comparte en un bien común.

X. La resistencia a la construcción de un núcleo familiar, a reproducirse como tal, tener hijos y perpetuarse como especie; anteponiendo para ello a la familia de origen, al trabajo o la preparación profesional. Es muy importante planear o tener proyectos de vida, pero también es importante dejar que la vida nos lleve de la mano y hacer que todo fluya, más cuando tiene que ver con el deseo de tener hijos, ya que es una experiencia única y eso hace que nosotros proyectemos nuestros sueños y nuestras ilusiones. Muchas veces inhibes el deseo de ser padre o madre por la otra persona, ignorando ésta que también son parte de tus sueños, de tus proyectos.

—Muy bien, Erasmo, ¿cuál de esos factores crees haber resuelto o estar resolviendo?

—Bueno, por principio es muy reconfortante haber identificado algunos factores que pueden dañar mi relación de pareja. ¿No te parece?

—Por supuesto, ¡eso es algo muy importante, Erasmo!

—En cuanto a los factores, creo que identifico algunos, entre ellos: el sentido de propiedad, el estado de libertad, la intromisión familiar, la aculturación y, por supuesto, la sexualidad; esta última la veo como consecuencia de las anteriores.

—Estos factores que has identificado, ¿tienen que ver contigo o con tu pareja?

—Yo creo que con los dos, porque ambos estamos en un proceso de reeducación de pareja y creo que es necesario comunicarnos lo que es común para la familia y lo que es importante para cada uno de nosotros.

—Erasmo, ¿cómo podrías congeniar los intereses profesionales o laborales de tu pareja con los tuyos?

—Bueno, hasta el momento no he encontrado todo, pero he identificado parte de los problemas que afectan a mi relación, y sé que la comunicación va a ser un proceso bastante largo y extenuante. Porque congeniar los intereses personales, profesionales y laborales implica ceder, en bien de la familia, parte de nuestro tiempo y espacio para la construcción de un bien moral y social que sea superior a nosotros; y ese bien social o moral, en origen, son la familia nuclear, sobre todo los hijos. Yo creo que cuando podamos ponernos de acuerdo en ese bien y congeniarlo con nuestros intereses profesionales y personales, entonces iremos caminando de la mano hacia un bienestar mejor.

—Bien, Erasmo, aún falta platicar algunas cosas más, pero ¿qué te parece si lo dejamos para la próxima? ¿Te parece bien?

—Me parece bien, Lucio. Hasta la próxima.

—Sí habrá próxima, ¿verdad, Erasmo?

—No lo sé, Lucio; seguiremos en esta búsqueda, ¿no?

Lucio asintió con la cabeza, se levantó, le dio la mano a Erasmo y, en ese momento, supo que quizá era la última vez que lo veía.

Se sintió reconfortado, miró a Erasmo y lo vio sonreír.

CAPÍTULO IX

Aprender a permanecer: amor, familia y sentido

Erasmo no volvió con el psicólogo nunca más; quizá debió, quizás no. Lo que sí pudo constatar era que, al final, sí había aprendido bastante de sí mismo y, en definitiva, el platicar con alguien que le hiciera pensar fue fundamental. Quizá no era el tipo de psicólogo que él hubiese deseado, pero, al menos, le permitió tener esa introspección tan necesaria para él. Cuando Erasmo llegó a casa, todavía le dio tiempo de escribir. Encendió su computadora y empezó a redactar:

Disfrutar lo que tienes y a los que están a tu lado es lo mejor que puede pasar en tu vida. El ser humano no debe sufrir la ausencia, tampoco puede morir de amor. Porque no te enamoras de las personas, sino de los momentos tan hermosos que vives con ellas; y esos espacios los vives con quien convives, con quienes creas situaciones espectaculares, llenas de instantes significativos; con quienes creas ritos, como lo que Saint-Exupéry recreó entre el principito y el zorro; pero también con quienes luchas hombro con hombro ante las adversidades.

No hay como ser firmes y seguros de lo que tenemos; y eso solo es accesible a las cosas. En cuanto a los seres humanos, son tan profundos en su pensar, tan indescriptibles en su hacer, tan inciertos en sus decisiones, que solo nos resta apreciar los bellos momentos que nos otorgan, nos brindan y que debemos disfrutarlos; y mientras ellos estén con nosotros, regocijarnos en toda su plenitud con su invaluable presencia.

La sociabilidad genera sentimientos de amistad y la amistad es el preámbulo del amor. El platicar y convivir con alguien recrea esa sociabilidad, infiltrada por sentimientos de ternura y comprensión; no podemos amar a alguien con quien no convivimos. Es el recuerdo el que nos hace vivir con alguien, pero el convivir con él o ella fortalece los lazos de amor.

Nunca perdamos la paciencia que el amor brinda: es la puerta hacia el corazón, es lo que nos permite entendernos, amarnos, tolerarnos y comprendernos. Porque es necesario comunicarse, aprender a escuchar y hacer que nuestras acciones sean momentos donde interactuemos a través de la palabra y de la piel. Es como si nuestras manos y todo nuestro cuerpo tuviesen memoria, pues recordamos la palabra y la caricia que nos prodigaron cuando éramos pequeños; remembranza que queda plasmada en la memoria, recuerdo que nunca olvidaremos y que, además, transmitiremos a los seres que amamos y que están a nuestro alrededor.

Hay que tener confianza en el mañana, pero hay que aprender a confiar en la persona que está a nuestro lado; los errores de la vida siempre estarán ahí, nunca se disiparán. Quizá esa sea la vulnerabilidad de la vida: la de ser seres humanos con todas las limitaciones que tenemos; pero eso somos, como decía el filósofo Miguel de Unamuno: "somos de carne y hueso y nada de lo humano nos es ajeno". Nada hará que no nos equivoquemos; los errores son el preámbulo de la sabiduría humana. Por eso debemos confiar en quien decidimos pernoctar.

La familia hoy en día es heterogénea, no debe responder a patrones culturales; ahí donde pernoctan más de dos seres humanos, entre cuatro o más paredes, esa es la familia. No importa con quién estemos; lo que sí importa es con quién decidiremos pernoctar el día de mañana. La familia, a su vez, también representa la unidad mínima de organización social: ahí donde la supervivencia es un acto de mutuo acuerdo y de corresponsabilidades compartidas.

Los miembros de una familia tienen intereses disímiles: cada cual tiene intenciones diferentes y cada cual tiene sus propios sueños e ilusiones. Pero, indudablemente, existen algunos intereses comunes, tales como la supervivencia y la sustentabilidad económica en el bienestar colectivo. La organización de los bienes y la efectividad de servicios (agua, luz, etcétera) e impuestos; alimentación y vivienda en general; salud y seguridad física; la felicidad y la comprensión humana; las necesidades emocionales, sexuales; el amor y la amistad; la razón y el entendimiento de las ideas del otro; la preparación profesional, laboral o personal de cada uno de los integrantes; entre otras necesidades humanas y colectivas; y éstas, indudablemente, no se pueden evadir, pues eso significaría la aniquilación de todos los demás miembros de la familia. Un acto está concatenado a todos y cada uno de los integrantes de la familia.

Hay valores implícitos en un sistema de capital como el nuestro que no nos permite ser diferentes, tales como la individualidad, la indiferencia, la vacuidad, el egoísmo, el egocentrismo, la ignorancia, etcétera. La única forma de erradicarlo es a través de la educación: no de la instrucción, no del adiestramiento, sino de la educación. La educación tiene valores éticos, principios filosóficos y conocimientos científicos. La educación es relativa y, en sí misma, es revolucionaria. Es lo único que puede transformar nuestra realidad.

Erasmo dejó de escribir, se quedó pensativo, dubitativo; tal vez hacía falta escribir más; sin embargo, por el día de hoy era suficiente. Esperó un rato más, respiró profundo, guardó el archivo, cerró las aplicaciones y apagó la computadora. Se levantó, tomó su chamarra, las llaves y salió a continuar con las labores cotidianas del día.

Iba por su hijo...

APÉNDICE: *Cultura mexicana*
(Cuaderno de Erasmo)

Siempre que tomo consciencia de mi ser, me preocupa la absurda mediocridad coexistencial y me espanta estar en las mismas condiciones que todos los demás; ya sabe, soy de esos que se creen diferentes, de esos locos que creen que tienen la respuesta, ante todo, que siempre existe esa vanidad intelectual de creer que siempre se tiene la razón. Puedo incluso suponer que no es así; sin embargo, seguiré suponiendo que yo sí pienso, aunque tal afirmación es común, pues todos especulamos que "pensamos", absurda redundancia, aunque no sé si creer que pensar sea disertar; quizá solo sea elegir; así lo ha determinado el vulgo, como muchos creen. Tal vez, solo sea vivir o sobrevivir; es decir, siempre me han sorprendido las formas pragmáticas en que nos relacionamos, sobre todo porque todos creemos que pensamos en lo que hacemos. El caso es que pienso que estoy fuera de un contexto sociohistórico; mi visión del mundo es simple, ya que no estoy en el lugar correcto, o lo estoy y la misión es transformar esa realidad.

Hay ocasiones que me molesta toda la cultura mexicana en sus usos, costumbres y tradiciones y, en otras situaciones, me enorgullece tantas "expresiones" manifiestas, tantas revelaciones culturales que determinan nuestro pensar y nuestro hacer; de hecho, vivimos siempre tratando de mantenernos en esa superficialidad existencial, con la tragedia y la lástima en nuestra piel, a través de nuestra lengua, mordiendo y masticando cada palabra, cada expresión, pero siempre con la vanagloria de saber que somos algo más y esperando que el mundo algún día nos comprenda. Es un poco absurdo porque estamos acostumbrados a manifestarnos en la vacuidad existencial y con la grandeza epopeyesca en nuestras expresiones coloquiales y corporales, donde el gesto y el ademán son más significativos que nuestra expresión lingüística, a pesar de que no seamos, aparentemente, "nada" y "todo". Siempre nos mostramos con magnificencia ante los superlativos del yo, los cuales se manifiestan en cada frase y ademán que expresamos, en todo y para todo.

Así lo diviso en todas y cada una de las relaciones que establecemos con quienes las cultivamos. La verdad es que somos una sociedad injusta, viciada, ignorante, ególatra, pusilánime, egoísta e individualista; llena de prejuicios, de mitos y leyendas que inundan nuestra mente y espíritu de banalidades esotéricas y épicas historias de magnificencia, riqueza y poder. Quizá por eso nos cautivan las historias de héroes y heroínas, no importando quiénes sean ni a qué se dediquen.

Evitamos tomar en serio los problemas de la vida, preferimos reírnos de ella; tenemos intolerancia al dolor y la evitamos con festividades y carnavales que nos hagan olvidar nuestra miseria existencial; preferimos embebernos en los océanos de la posmodernidad con el entretenimiento en las redes sociales y en la televisión, mostrando una actitud compulsiva, abrasiva, ácida, llena de recelo y resentimiento, pero dialécticamente confiados, sensibles, humanos, con el corazón en la mano, siempre a flor de piel.

Nos la pasamos platicando de las banalidades cotidianas, de los supuestos políticos y su quehacer político, y creemos que estamos en la cúspide de la interpretación científica de la ciencia política, haciendo "política" en pueblos, barrios, bares o restaurantes; hablando "eruditamente" de las estrellas del futbol o de la farándula, o manifestando nuestro desacuerdo con la educación de hoy en día, de la perversión del menor o la corrupción del mayor; siempre en convivencias y reuniones familiares, ya sea en las llamadas comilonas, donde el alcohol y el cigarro son la clave del supuesto pensar y del bienestar en general.

Así, cuando veo en las noticias y en las redes sociales expresiones, información, comunicación social, comercio, denuncias, chismes de la farándula, violencia explícita e implícita, etcétera, lo único que puedo apreciar es la heterogeneidad del ser humano en gustos, percepciones e ideas sobre la vida y la muerte, y el cómo deberíamos vivirla. De tal forma, que todos percibimos y creemos que tenemos la razón..., y la exportamos y, en otros casos, cuando está en nuestra posibilidad, la proyectamos. Esa es la grandeza y la debilidad de ser diferentes, en una afirmación ontológica de "así soy y qué".

Siempre me avergüenza solo sentir el pesar y el malestar de una "cultura en decadencia", tal como lo enunciara Spengler casi a mediados del siglo XX, pero difícilmente puedo afirmar lo contrario: no hay forma de sentirse esperanzado hacia un futuro donde se observa a un ser humano incapaz de cultivar su pensamiento e incapaz de sentir en la piel la destrucción de su hábitat, de su sociedad y de su cuerpo. Las relaciones humanas son demasiado compulsivas, mucha sangre en el torrente sanguíneo que busca sentir a borbotones, perdiéndose en la hipersensibilidad de los excesos, en el embotamiento sensorial y el bloqueo racional.

Apenas escuché a un politólogo argentino hablar sobre la peligrosidad de las percepciones, el fortalecimiento de las ideologías y su consecuente relación con la peligrosidad del equilibrio emocional y psicológico de las mentes resentidas y rebeldes. Y me puso a pensar que, en efecto, las relaciones sociales son una manifestación abstracta de una cultura basada en la "mercancía".

No obstante, siempre nos preguntamos: ¿qué es la mercancía? Y nos contestamos que es un bien cuyo valor de uso o de cambio depende del contexto sociocultural y económico en el que nos desenvolvemos; puede ser concreto o abstracto, cualidad que es intrascendente, pues, al final, lo que importa es la voluntad implícita en el intercambio comercial. Lo vemos cuando la subjetividad puede comercializarse y estar al vaivén de la oferta y la demanda: es cuando observas la voluntad de un individuo como variable dependiente. ¿De qué? De la teoría del interés. Pues la oportunidad de invertir es directamente proporcional al deseo de ser. Aquí el interés juega un papel importante en las decisiones políticas, culturales, sociológicas y, por supuesto, económicas.

La voluntad así depende indudablemente de las condiciones de supervivencia en las que esté inmerso un individuo, ya que su forma de ser y la voluntad que la dirige estarán determinadas por los intereses subjetivos que dependerán de las condiciones posibles existenciales.

Esta es una cuestión vital.

EPÍLOGO DE CONTINUIDAD

Lo que sigue

No hay un punto exacto en que la vida "se arregle". No existe una conclusión total que deje a la conciencia en paz. Lo que existe, si acaso, es un desplazamiento: una forma distinta de estar en el mundo. Erasmo no salió del proceso convertido en otro; salió con una comprensión más ardua y humana: vivir no es resolverlo todo, sino aprender a sostenerse sin traicionarse.

El malestar, en este trayecto, dejó de ser un enemigo externo. Se volvió lenguaje. Señal. Un modo de la existencia que advierte cuando algo se ha vuelto inhabitable. Y cuando la vida se vuelve inhabitable, el ser humano suele elegir entre dos formas de supervivencia: anestesiarse o pensarse. Este libro es el registro de ese tránsito: de la evasión al pensamiento, del automatismo a la atención.

Aprender a mirarse no significa volverse invulnerable. Significa, más bien, dejar de confundirse completamente con lo que se siente. Descubrir que la emoción no es identidad, que la angustia no es destino y que el deseo no es una culpa moral. Significa aceptar que la contradicción no es un defecto, sino una condición: somos seres atravesados por fuerzas opuestas, y nuestra tarea no siempre es eliminarlas, sino comprender cómo convivimos con ellas.

Aparece también aquí una tensión inevitable: el vínculo. Porque la conciencia no existe en el vacío. Se forma y se desgasta en relación con otros. La familia, la pareja, la cultura, la historia personal: todo ello configura el modo en que uno ama, teme, exige y calla. Por eso el conflicto no se reduce a "estar bien" o "estar mal", sino a una pregunta más severa: ¿cómo sostener el bien colectivo sin anular el bien individual?, ¿cómo cuidar el vínculo sin convertirlo en una renuncia permanente a uno mismo?, ¿cómo elegir sin destruir, y cómo permanecer sin desaparecer?

Este primer volumen no cierra esas preguntas; las afina. No concluye, porque el cierre total sería una forma de mentira: la vida continúa, y con ella la responsabilidad de pensar qué hacemos con lo vivido. Lo que sigue no será únicamente la narración de nuevos hechos; será la profundización de un problema ontológico íntimo: la búsqueda de una vida habitable, una vida donde la conciencia no sea castigo, sino posibilidad.

Si este libro termina aquí, es solo porque toda obra requiere una pausa. Pero la historia no se detiene. El pensamiento no se detiene. La vida, cuando por fin se vuelve consciente, exige continuidad.

Y esa continuidad ya ha comenzado.

SOBRE EL AUTOR

José Macario López Balderas escribe
desde la experiencia vivida y la pregunta
que insiste. Su escritura nace del
silencio, del vínculo y de la necesidad de
comprender aquello que duele cuando
no se nombra: la soledad, el abandono,
el deseo, la culpa y la fragilidad humana.

En sus textos, la vida cotidiana se
convierte en materia de pensamiento y
la reflexión se encarna en la experiencia.
No busca respuestas definitivas ni
consuelos rápidos; escribe como quien
se detiene a mirar su propia historia
para entender cómo se construyen, se
tensan y, a veces, se rompen los lazos
humanos. Su mirada es crítica, sensible
y profundamente honesta, orientada a

habitar la complejidad sin reducirla y a pensar la existencia sin anestesiarla.

Este libro forma parte de un proceso abierto. No cierra una historia: la continúa. Porque comprenderse no es llegar a un punto final, sino aprender a permanecer en la pregunta.

José Macario López Balderas es profesor, investigador y escritor mexicano, con una amplia trayectoria en el ámbito educativo y la reflexión filosófica sobre la vida, la familia y la formación humana.